PhraseGuide

POLISH

With menu decoder, survival guide and two-way dictionary

www.thomascookpublishing.com

Introduction..................5

Introduction 6	Grammar 7
The basics 6	Basic conversation 8

Greetings......................9

Meeting someone 10	Family 11
Small talk 10	Saying goodbye 12

Eating out....................13

Introduction 14	Eastern Poland 18
The cuisines of Poland......15	Wine, beer & spirits 18
National specialities 14	Snacks & refreshments 19
Pomerania 15	Vegetarians & special
Lesser Poland 16	requirements 20
Silesia 16	Children................20
Warsaw & Mazovia 17	Menu decoder 21

Shopping......................29

Essentials 28	Where to shop 34
Local specialities 29	Food & markets 35
Popular things to buy 30	Import & export 36
Clothes & shoes 31	

Getting around..............37

Arrival 38	Directions 40
Customs 39	Public transport 41
Car hire 39	Taxis 42
On the road 40	Tours 42

Accommodation............43

Types of accommodation 44	Special requests 46
Reservations 44	Checking in & out 47
Room types 45	Camping................48
Prices 46	

Survival guide..................49

Money & banks 50	Children 55
Post office 51	Travellers with disabilities 56
Telecoms 52	Repairs & cleaning 57
Internet 52	Tourist information 57
Chemist...53	

Emergencies.....................59

Medical 60	Breakdown 62
Dentist 60	Problems with
Crime 61	the authorities 62
Lost property 61	

Dictionary........................63

English to Polish ....64 Polish to English 79

Quick reference................94

Numbers 95	Days & time 96
Weights & measures 96	Clothes size converter 96

How to use this guide

The ten chapters in this guide are colour-coded to help you find what you're looking for. These colours are used on the tabs of the pages and in the contents on the previous page and above.

For quick reference, you'll find some basic expressions on the inside front cover and essential emergency phrases on the inside back cover. There is also a handy reference section for numbers, measurements and clothes sizes at the back of the guide.

Front cover photography © Cozzi Guido/4CR
Cover design/artwork by Jonathan Glick
Photos: Joey Berzowska (p18), BigStockPhoto.com [Monica Boorboor (p9), Albert Nowicki (p47)], Flavio Ferrari (p43), Lars K Jensen (p38), Monika Kostera (pp31 & 36), Marcin Krawczyk (p63), Iz Marty (p33), phototram (pp13 & 44), PinkShot/Fotolia.com (p49) and Alexander Pusz/Dreamstime.com (p21).

Produced by The Content Works Ltd
Aston Court, Kingsmead Business Park, Frederick Place
High Wycombe, Bucks HP11 1LA
www.thecontentworks.com
Design concept: Mike Wade
Layout: Alison Rayner
Text: Zuzanna Ananiew
Editing: Paul Hines
Proofing: Monica Guy & Jolanta Cajzer
Editorial/project management: Lisa Plumridge

Published by Thomas Cook Publishing
A division of Thomas Cook Tour Operations Limited
Company registration No: 3772199 England
The Thomas Cook Business Park, 9 Coningsby Road
Peterborough PE3 8SB, United Kingdom
Email: books@thomascook.com, Tel: +44 (0)1733 416477
www.thomascookpublishing.com

ISBN-13: 978-1-84848-102-2

First edition © 2009 Thomas Cook Publishing
Text © 2009 Thomas Cook Publishing

Project Editor: Maisie Fitzpatrick
Production/DTP: Steven Collins

Printed and bound in Italy by Printer Trento

All rights reserved. No part of this publication may be reproduced, stored in a retrieval system or transmitted, in any form or by any means, electronic, mechanical, recording or otherwise, in any part of the world, without prior permission of the publisher. Requests for permission should be made to the publisher at the above address.

Although every care has been taken in compiling this publication, and the contents are believed to be correct at the time of printing, Thomas Cook Tour Operations Limited cannot accept any responsibility for errors or omission, however caused, or for changes in details given in the guidebook, or for the consequences of any reliance on the information provided. Descriptions and assessments are based on the author's views and experiences when writing and do not necessarily represent those of Thomas Cook Tour Operations Limited.

Introduction

Polish is an emotional, romantic, hardy language that's the native tongue of over fifty million people. Its nuanced complexity makes it a medium for great literature while its straightforwardness lends itself to everyday use. However, it can be daunting, sounding as it does like an explosion in a "zed" factory with the odd "ski" thrown in; its pronunciation can be tongue-twisting, its grammar tricky. On the positive side, even the smallest effort to learn a few phrases will be received enthusiastically. This PhraseGuide is the perfect tool to get you going on what was once the tongue of princes and kings.

Introduction

Polish really took its place centre stage at the end of the 17th century, when it became the official language of the Grand Duchy of Lithuania. This was a huge – and hugely influential – union that encompassed Lithuania, Belorussia, parts of Poland, Ukraine and Russia. Polish was also used by the German nobility in what today is Latvia and by the Russian court from the mid-16th to the beginning of the 18th century. This is considered to have been the language's golden age. Poland's extremely eventful history thereafter – it was invaded, divided and even ceased to exist for a couple of hundred years – saw its language enriched by the many influences that it exhibits today. Indeed, post-World War II Polish is a rapidly evolving and particularly vivacious language.

Polenglish!
You will hear a great deal of English-based words in Polish, such as **chilloutowo**, or **layout** and **design**. These are pronounced with a heavy Polish accent, for full suavity effect.

The basics

Polish is a Slavic language, in the same family as Czech, Slovenian and Russian. Its alphabet consists of 32 letters, the extras being Latin characters with accents, and does not include q, v or x. A number of dialects still used today are the result of ancient tribal divides, though standard Polish is spoken throughout the country. The beauty of reading Polish is that it is straightforward because words are spelt as they are pronounced, unlike in English.

Those additional Latin letters are as follows:
ą and ę are nasal sounds pronounced like the "on" in "wrong" and the "en" in "penguin" respectively
ć, ś, ń and ź are like "ch" in child, "sh" in shine, "ni" in Narnia (making a subtle "ny" sound) and "si" in "vision" (making a "zh")
ł is like an English w
ó is like the "oo" in "room"
ż is like the "zh" in Zhivago

When the letters c, s, n or z are followed by an i (rather than marked with accents), it is because the next letter is a vowel. They are pronounced the same as their accented versions. Polish words are stressed on the penultimate syllable, with the exception of words of Latin or Greek origin where the stress is on the third last syllable, as in "uni*wer*sytet".

Grammar

Polish nouns have genders, but panic not: those ending in "a" will usually be feminine and any related adjectives will also end in an "a". The rest are masculine or neutral, with decidedly more of the former, in which case adjectives will end in "I" or "y".

Cases, on the other hand, pose a challenge, even for Poles, and this is not something you'll master from the start, so don't worry.

Another Polish peculiarity is word order: more than one order can be used to say the same thing. For example, "**Ja mam brązowego psa**" can also be worded "**Brązowego psa**

Dead trendy
The in-word of the moment in Poland is **masakra**. Literally meaning "massacre", it can be used to describe anything that's awful, naff or tragically uncool.

mam ja". Both mean "I have a brown dog", but the second is slightly pretentious.

The good news is that there are none of those frustrating little articles that don't mean anything outside the context of a sentence.

Basic conversation

Hello	**Dzień dobry**	*jehn <u>dohb</u>ri*
Goodbye	**Do widzenia**	*dohvee<u>dzeh</u>nya*
Yes	**Tak**	*tahk*
No	**Nie**	*nyeh*
Please	**Proszę**	*<u>proh</u>sheh*
Thank you	**Dziękuję**	*jen<u>koo</u>yeh*
You're welcome	**Proszę**	*<u>proh</u>sheh*
Sorry	**Przepraszam**	*psheh<u>prah</u>sham*
Excuse me (apology)	**Przepraszam**	*psheh<u>prah</u>sham*
Excuse me (to get attention)	**Przepraszam**	*psheh<u>prah</u>sham*
Excuse me (to get past)	**Przepraszam**	*psheh<u>prah</u>sham*
Do you speak English?	**Czy mówisz po angielsku?**	*chi <u>moo</u>veesh poh an<u>gyel</u>skoo?*
I don't speak Polish	**Nie mówię po polsku**	*nyeh <u>moo</u>vyeh poh <u>pol</u>skoo*
I speak a little Polish	**Mówię trochę po polsku**	*<u>moo</u>vyeh <u>tro</u>heh poh <u>pol</u>skoo*
What?	**Słucham?**	*<u>swoo</u>ham?*
I understand	**Rozumiem**	*roh<u>zoo</u>myehm*
I don't understand	**Nie rozumiem**	*nyeh roh<u>zoo</u>myehm*
Do you understand?	**Rozumiesz?**	*roh<u>zoo</u>myesh?*
I don't know	**Nie wiem**	*nyeh vyehm*
I can't	**Nie mogę**	*nyeh <u>moh</u>geh*
Can you... please?	**Czy możesz... proszę?**	*chi <u>moh</u>zhesh... <u>proh</u>sheh?*
- speak more slowly	**- mówić wolniej,**	*- <u>moo</u>veech <u>vohl</u>nyay*
- repeat that?	**- powtórzyć,**	*- pof<u>too</u>zhich*

Greetings

The Polish greeting ceremony is an uncomplicated combination of polite handshakes and nods or, in cases of greater intimacy, friendly kisses on the cheek and hugs. Common courtesy includes greeting women first and offering your name to each person as you shake hands. You'll find that some men, especially older generations, still bow to gallantly kiss a woman's hand and it's not uncommon for men to give each other a no-strings bear hug.

Unlike Anglo-Saxons, Poles don't automatically ask each other how they are. This doesn't mean you shouldn't, but brace yourself for an in-depth response that could include a full medical and spiritual overview.

Greetings

Meeting someone

Hello	**Dzień dobry**	*jen dobri*
Hi	**Cześć**	*cheshch*
Good morning	**Dzień dobry**	*jen dobri*
Good afternoon	**Dzień dobry**	*jen dobri*
Good evening	**Dobry wieczór**	*dobri vyehchoor*
Sir/Mr	**Pan**	*pan*
Madam/Mrs	**Pani**	*panee*
Miss	**Panna**	*panna*
How are you?	**Jak się masz?**	*yak sheh mash?*
Fine, thank you	**Dziękuję, dobrze**	*jenkooyeh, dobzheh*
And you?	**A pan/pani/ty?**	*ah pan/panee/ti?*
Very well	**Bardzo dobrze**	*bardzoh dobzheh*
Not very well	**Nie za dobrze**	*nyeh zah dobzheh*

Dzień dobry or cześć?

These two greetings differ in degree of formality. With new acquaintances, older people or in situations such as entering a shop, use the former. If you're greeting a child or a friend, it's **cześć**.

Small talk

My name is…	**Nazywam się…**	*nahzivam sheh...*
What's your name?	**Jak się nazywasz?**	*yak sheh nazivash?*
I'm pleased to meet you	**Miło mi Cię poznać**	*meewoh mee cheh poznach*
Where are you from?	**Skąd jesteś?**	*skont yehstesh?*
I am from Britain	**Jestem z Wielkiej Brytanii**	*yehstem z wyelkyey britahnee*
Do you live here?	**Mieszkasz tu?**	*myehshkash too?*

Who does what when?
When saying hello, women greet women first, then women greet men, then men greet men. A man can shake a woman's hand if she extends it first.

This is a great...	To jest świetny/ świetne	to yehst shfyehtni/eh
- country	- kraj	- kry
- town	- miasto	- myastoh
I am staying at...	Mieszkam w….	myehshkam v...

I'm just here for the day	Jestem tu jeden dzień	yehstem too yehden jen
I'm in... for...	Będę tu przez	bendeh too pshehz
- a weekend	- weekend	- weekend
- a week	- tydzień	- tijen

How old are you?	Ile masz lat?	eeleh mash lat?
I'm... years old	Mam … lat/lata (if age ends in 2, 3 or 4, it's lata)	mam .. lat/lata

Family

This is my...	To jest mój/moja	to yehst mooy/moya
- husband	- mąż	- monsh
- wife	- żona	- zhona
- partner	- partner/ partnerka	- partner/ partnerkah
- boyfriend/ girlfriend	- dziewczyna/ chłopak	- jevchina / hwohpak

I have a...	Mam	mam
- son	- syna	- sinah
- daughter	- córkę	- tsoorkeh
- grandson	- wnuka	- vnookah
- granddaughter	- wnuczkę	- vnoochkeh

Greetings

Greetings

Do you have...	**Masz**	*mash*
- children?	**- dzieci?**	*- jehchee?*
- grandchildren?	**- wnuki?**	*- wnookee?*
I don't have children	**Nie mam dzieci**	*nyeh mam jechee*
Are you married?	**Jesteś żonaty/ zamężna?**	*yehstesh zhonati/ zamenzhna?*
I'm...	**Jestem**	*yehstem*
- single	**- samotny/ samotna**	*- samotni/ samotnah*
- married	**- żonaty/zamężna**	*- zhonati/ zamenzhna*
- divorced	**- rozwiedziony/ rozwiedziona**	*- rohzvyehjoni/ rohzvyehjona*
- widowed	**- wdowcem/ wdową**	*- vdovtsem/ vdovoh*

Saying goodbye

Goodbye	**Do widzenia**	*do veedzehnyah*
Good night	**Dobranoc**	*dobrahnots*
Sleep well	**Śpij dobrze**	*shpeey dobzheh*
See you later	**Do zobaczenia**	*doh zobachehnyah*
Have a good trip!	**Miłej podróży**	*meewey pohdroozhy*
It was nice meeting you	**Miło było cię poznać**	*meewo biwoh cheh poznach*
All the best	**Wszystkiego najlepszego**	*fshystkyehgo naylepshehgo*
Have fun	**Baw się dobrze**	*baf sheh dobzheh*
Good luck	**Powodzenia**	*powodzehnyea*
Keep in touch	**Bądźmy w kontakcie**	*bonchmi v kontahkcheh*
My address is...	**Mój adres to…**	*mooy adres toh...*
What's your...	**Jaki jest twój…**	*yakee yehst tfooy...*
- address?	**- adres?**	*- adres?*
- email?	**- email?**	*- eemayl?*
- telephone number?	**- numer telefonu?**	*- noomer telefonoo?*

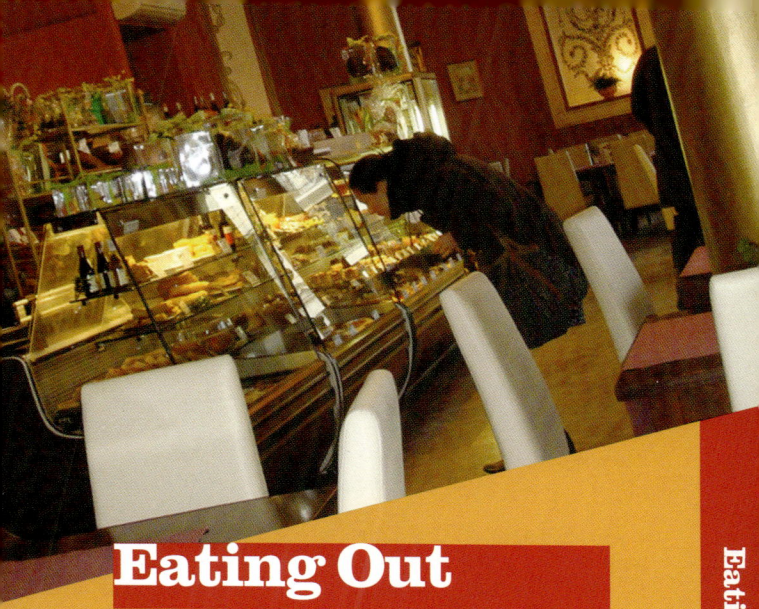

Eating Out

Poland's historical status as a country that has attracted many an invader has given its cuisine a rich pedigree. Poland's geographic position, climate and agricultural society have resulted in a hearty meat, potatoes and cabbage kind of cooking, with occasional flour-based dishes, such as the famous **pierogi** (dumplings).

Salt- and fresh-water fish feature in the cuisine of the northern and coastal regions, while in the south you'll notice influences of Czech, Slovak and Austrian cooking. Poland is also home to a vast variety of cured meats, including excellent sausages. As for drink, vodka remains *the* potion of choice.

Eating Out

Introduction

Eating out in Poland is not yet very common among locals as home cooking remains a cherished art form. Happily, though, you won't have trouble finding a variety of restaurants, cafés and bars in larger cities. Restaurants usually open around noon and most claim to only close after the last guest has left. The midday meal is eaten at around 2pm and consists of hot dishes, leaving sandwiches and lighter cold snacks for the evening. If you're vegetarian, most restaurants will be able to accommodate you. If you can't find a kids' menu, ask for half portions.

I'd like...	**Proszę**	_prohsheh_
- a table for two	**- stolik dla dwóch osób**	- _stohleek dlah dvooh osoop_
- a sandwich	**- kanapkę**	- _kahnahpkeh_
- a coffee	**- kawę**	- _kahveh_
- a tea (with milk)	**- kawę (z mlekiem)**	- _hehrbahteh (z mlehkyehm)_
Do you have a menu in English?	**Czy mają Państwo menu po angielsku?**	_chi mahyon pahystfoh menee poh angyelskoo?_
The bill, please	**Poproszę rachunek**	_pohprosheh rahoonehk_

You may hear...

| **Dla palących czy niepalących?** | _dlah pahlontsih chi nyehpalontsih?_ | Smoking or non-smoking? |
| **Co Państwo/ Pan/Pani sobie życzą/życzy?** | _tsoh pahystfoh/ pan/panee sohbyeh zhichon?_ | What are you going to have? |

Tipping tip
In Poland saying **"dziękuję"** to a waiter means "Keep the change, thanks". Use the word **"proszę"** instead so you can decide how big a tip you want to leave.

Smoking or smoking, sir?

Poland has no ban on smoking in restaurants and pubs, though some places do operate one. Others might have a separate smoking section, though this doesn't guarantee a smoke-free environment elsewhere.

The cuisines of Poland

National specialities

A proper Polish meal may start with pickled herring and a shot of vodka, followed by a cup of hot **barszcz** (beetroot soup) and a meat-filled pastry, **pasztecik**. If you've got a sweet tooth, Poland is famous for its range of **placki z owocami** (cakes with orchard fruits).

Signature dishes (see menu decoder for more dishes)

Gołąbki	*gowompki*	Mince and rice in cabbage
Pierogi	*pyehrogee*	Filled dumplings
Bigos	*beegoss*	Stewed sauerkraut
Strucla makowa	*strootslah mahkovah*	Poppy-seed strudel
Pączek	*ponchek*	Jam-filled yeast doughnuts

Pomerania

The Baltic Sea and lakes of Kashubia make Pomerania a fish haven. Baked, grilled or fried cod, halibut and sole are served hot in many beach-side restaurants. Herring is generally served marinated or in oil and comes with either sour cream and apples or spicy sauces.

Signature dishes (see menu decoder for more dishes)

Rolmops	*rolmops*	Onion and red pepper in herring
Dorsz smażony	*dorsh smahzhohni*	Fried cod

Halibut	*hah<u>lee</u>boot*	Halibut
Sola	*<u>so</u>lah*	Sole
Pyzy	*<u>pi</u>zi*	Potato dumplings with filling
Ruchanki	*roo<u>han</u>kee*	Yeast dumplings with sugar
Piernik	*<u>pyehr</u>neek*	Gingerbread with nuts/orange peel

Agroturystyka

A great way to experience fresh, organic homemade food is to look for a **gospodarstwo agroturystyczne**. These farms offer free-range eggs, milk straight from the udder and their own cured meats.

Lesser Poland

The mountain folk of southern Poland have a centuries-old tradition of herding sheep. The culinary consequence of this is superb smoked and fresh sheep's milk cheese, produced over wood fires in mountain huts. Leave some room for delicious smoked sausages.

Signature dishes (see menu decoder for more dishes)

Moskol	*<u>mos</u>kol*	Potato pancake
Kwaśnica	*kfash<u>nee</u>tsah*	Sauerkraut, meat and potato soup
Czosnianka	*chos<u>nyan</u>kah*	Potato, garlic, onion and mint soup
Żentyca	*zhen<u>ti</u>tsa*	Sheep's milk whey
Kiełbasa	*kyehw<u>bah</u>sah*	Sausage

Silesia

The mining region of Poland has a very distinct cuisine laced with Czech and German influences. Even the names of traditional dishes don't always sound very Polish. It's one of the few regions in the country where you're likely to be offered the exact same Sunday dinner dishes anywhere you go. Don't leave without tasting soup made from soured rye bread.

Signature dishes (see menu decoder for more dishes)

Żurek	_zhoorek_	Rye bread soup with sausage
Nudelzupa	_noodelzoopah_	Broth with noodles
Rolada	_rohlahdah_	Sausage, pickles and bread in beef
Modra kapusta	_modrah kapoostah_	Red cabbage stew with bacon and apples
Ciapkapusta	_chapkapoostah_	Mash with cabbage or sauerkraut

Warsaw & Mazovia

Mazovia's large wooded areas provide ingredients for game dishes and mushrooms as well as berry desserts and preserves. Sundays see queues in Warsaw bakeries for rosehip-jam filled **pączki** (doughnuts) or sweet crispy **faworki** pastries in carnival season.

Signature dishes (see menu decoder for more dishes)

Flaczki	_flachkee_	Tripe boiled with vegetables
Zupa grzybowa	_zoopah gzhibohvah_	Mushroom soup
Kotlet schabowy	_kotlet s-habohveh_	Breaded pork chop
Nóżki w galarecie	_nooshkee v galarehcheh_	Jellied calves' legs or feet
Faworki	_fahvorkee_	Fried braided pastries with sugar

Mushroom hunting
If you fancy fungus stalking, the **borowik** (_boletus_) is considered the king of mushrooms. Always have an expert check your haul for poisonous specimens.

Eating Out

Eastern Poland

Here you'll find a heavily potato-based cuisine, with the northern end prone to Lithuanian influences, such as hard black rye bread. You'll also find a once-in-a-lifetime chance to nibble a Polish bison steak.

Signature dishes (see menu decoder for more dishes)

Stek z żubra	*stek z zhoobrah*	Bison steak
Sękacz	*senkach*	Layer cake baked on a spit
Kartacz	*kartach*	Mince and garlic in potato dough
Kiszka ziemniaczana	*keeshkah zhemnyachahnah*	Potato and mince in pig's intestines

Eat to the beet
Barszcz is such an icon of Polish cuisine that it's easy to overlook its appeal. The cliché most often applied to it is that it's "hearty", but this beetroot-based soup has a great deal of soul.

Wine, beer & spirits

Poland's top tipple is vodka, taken neat. Polish lager has also conquered the hearts of beer-lovers around the world, and there are many varieties to choose from, including the products of small local breweries. Fruit liqueurs and meads are also a must.

Żubrówka	*zhoobroovkah*	Bison vodka with grass
Śliwowica	*shleevoveetsah*	Plum vodka
Żołądkowa	*zhowontkovah*	Bitter-stomach vodka
Miód pitny	*myood peetni*	Mead
Nalewka	*nahlevkah*	Fruit liqueur

Vodka and calves' legs?
If you find straight vodka a bit much, try biting into something directly after you shoot it straight. Popular choices are: herring, dill pickles and jellied calves' legs.

Piwo jasne/ ciemne	*peevoh yahsneh/ chemneh*	Light/dark beer
Piwo pszeniczne	*peevoh pshehneechneh*	Wheat beer
Krupnik	*kroopnik*	Grain spirit and honey vodka
Grzane wino/piwo	*gzhahneh veenoh/peevoh*	hot wine or beer with spices

You may hear…

Co mogę podać?	*tso mohgeh pohdach?*	What can I get you?
Jak Państwo/ Panu/Pani podać?	*yak pahystfoo/ panoo/panee pohdach?*	How would you like it?
Z lodem czy bez?	*z lohdem chi behz?*	With or without ice?
Zimne czy w temperaturze pokojowej?	*zheemneh chi v tempehrahtoo- zheh pokoyohvey?*	Cold or room temperature?

Snacks & refreshments

For a light snack try a **piekarnia** (bakery). They're stocked with breads and pastries and often have a few tables for customers also taking a cup of tea or coffee. Tea is served with slices of lemon on the side (you have to ask for milk). In smaller towns coffee may be prepared by pouring hot water over ground coffee into your cup.

Bułka maślana	*boowkah mashlanah*	Sweet roll
Obwarzanek	*obvazhanek*	Bagel

Eating Out

Drożdżówka	*drozhdjoovkah*	Danish pastry
Kawa z ekspresu	*kahvah z expresoo*	Coffee from a coffee maker
Kawa z mlekiem	*kahvah z mlekyem*	Tea with milk

Vegetarian queen
Queen Bona triggered a 16th-century culinary revolution by eschewing meat as unregal and introducing vegetables to the Polish court.

Vegetarians & special requirements

I'm vegetarian	**Jestem wegetarianinem/ wegetarianką**	*yestehm veghetahrya-neenehm/ veghetahryankow*
I don't eat...	**Nie jem…**	*nyeh yehm...*
- meat	- **mięsa**	- *myensah*
- fish	- **ryb**	- *rib*
Could you cook something without meat in it?	**Czy mogliby Państwo ugotować coś bez mięsa?**	*chi mohgon pahystfoh oogohtohwach tsosh behz myensah?*
What's in this?	**Co w tym jest?**	*tsoh v tim yest?*
I'm allergic to...	**Jestem uczulony/ uczulona na...**	*yestehm oochoolohni/ oochoolohnah nah...*

Children

Are children welcome?	**Czy można przyjść z dziećmi?**	*chi mohzhnah pshiyshch z djechmee?*
Do you have a children's menu?	**Czy jest menu dla dzieci?**	*chi yest mehnee dlah djechee?*
What dishes are good for children?	**Jakie dania są dla dzieci?**	*yakyeh dahnyah son dlah djechee?*

Menu decoder

Essentials

English	Polish	Pronunciation
Breakfast	**Śniadanie**	shnya*dah*nyeh
Lunch	**Lunch**	lunch
Dinner	**Obiad**	*oh*byahd
Cover charge	**Opłata za wstęp**	ohp*wat*ah zah fstemp
Vat inclusive	**Z vatem**	z *vah*tehm
Service included	**Obsługa w cenie**	obs*woog*ah v *tseh*nyeh
Credit cards (not) accepted	**Akceptujemy karty kredytowe/ nie akceptujemy kart kredytowych**	aktseptoo*yeh*mi *kart*i krehdi*toh*veh/nyeh aktseptoo*yeh*mi kart krehdi*toh*vih
First course	**Pierwsze danie**	*pyehrf*sheh *dah*nyeh
Second course	**Drugie danie**	*droog*yeh *dah*nyeh
Dessert	**Deser**	*deh*sehr
Dish of the day	**Danie dnia**	*dah*nyeh dnyah
Local speciality	**Lokalna specjalność**	loh*kahl*nah speh*tsyal*noshch
House specials	**Specjalność zakładu**	speh*tsyahl*noshch zahk*wah*doo
Set menu	**Stałe menu**	*stah*weh *meh*nee
A la carte	**A la carte**	a la kart
Tourist menu	**Menu turystyczne**	*meh*nee tooris*tich*neh

Before noshing natively

Make sure **pierogi** (dumplings) are handmade in-house rather than supplied frozen; **bigos** (stewed sauerkraut) should be prepared a few days before you eat it and reheated several times. Seriously.

Menu Decoder

Wine list	**Karta win**	*kar*tah veen
Drinks menu	**Karta napojów**	*kar*tah nah*poh*yoof
Snack menu	**Karta przekąsek**	*kar*tah psheh*kon*sehk

An apple a day
Poland is one of the world's largest apple-producing countries and it would be a sin not to sample something juicy and apple-based while you're here.

Methods of preparation

Baked	**Pieczony/a/e**	pye*cho*ni/ah/eh
Boiled	**Gotowany/a/e**	gohtoh*va*ni/ah/eh
Braised	**Duszony/a/e**	doo*sho*hni/ah/eh
Breaded	**Panierowany/a/e**	pahnyehroh*va*ni/ah/eh
Deep-fried	**Smażony/a/e na głębokim oleju**	smaz*ho*hni/ah/eh nah gwem*boh*keem oh*ley*oo
Fresh	**Świeży/a/e**	sh*fyeh*zhi/ah/eh
Fried	**Smażony/a/e**	smaz*ho*ni/ah/eh
Frozen	**Zamrożony/a/e**	zahmroh*zhoh*ni/ah/eh
Grilled/broiled	**Grillowany/a/e/z rusztu**	greeloh*va*ni/ah/eh/z *roosh*too
Marinated	**Marynowany/a/e**	mahrinoh*va*ni/ah/eh
Mashed	**Tłuczone or puree**	twoo*choh*neh or *pee*reh
Poached (egg)	**w koszulkach**	v ko*shool*kah
Poached (fish)	**gotowana**	gohtoh*va*nah
Raw	**Surowy/a/e**	soo*roh*vi/ah/eh
Roasted	**Pieczony/a/e**	pyeh*choh*ni/ah/eh
Salty	**Słony/a/e**	*swo*ni/ah/eh
Sautéed	**Sautee**	so*teh*
Smoked	**Wędzony/a/e**	ven*dzoh*ni/ah/eh
Spicy (flavour)	**Pikantny/a/e**	pee*kant*ni/ah/eh

Spicy (hot)	**Ostry/a/e**	*ostri/ah/eh*
Steamed	**Na parzę**	*na pazheh*
Stewed	**Duszony/a/e**	*dooshohni/ah/eh*
Stuffed	**Nadziewany/a/e**	*nahjehvahni/ah/eh*
Sweet	**Słodki/a/e**	*swotkee/ah/eh*
Rare	**Krwiste**	*krfeesteh*
Medium	**Półkrwiste**	*poowkrfeesteh*
Well done	**Dobrze wysmażone**	*dobzheh vismahzhoneh*

Common food items

Beef	**Wołowina**	*vowoveenah*
Chicken	**Kurczak**	*koorchak*
Turkey	**Indyk**	*eendik*
Lamb	**Jagnięcina**	*yagnyencheenah*
Pork	**Wieprzowina**	*wyehpshohveenah*
Fish	**Ryba**	*ribah*
Seafood	**Owoce morza**	*ovotseh mozhah*
Tuna	**Tuńczyk**	*toonchik*
Beans	**Fasola**	*fahsohlah*
Cheese	**Ser**	*sehr*
Eggs	**Jajka**	*yahykah*
Lentils	**Soczewica**	*sochehveetsah*
Pasta/noodles	**Makaron/kluski**	*mahkahrohn/klooskee*
Rice	**Ryż**	*rish*
Aubergine	**Bakłażan**	*bahkwazhahn*
Cabbage	**Kapusta**	*kahpoostah*
Carrots	**Marchew**	*marhehv*
Cucumber	**Ogórek**	*ogoorek*
Garlic	**Czosnek**	*chohsnek*
Mushrooms	**Grzyby**	*gzhibi*
Olives	**Oliwki**	*oleevkee*
Onion	**Cebula**	*tsehboolah*
Potato	**Ziemniak**	*zhemnyak*
Red/green pepper	**Czerwona/zielona papryka**	*chervohnah/zhehlohnah paprikah*
Tomato	**Pomidor**	*pohmeedor*
Vegetables	**Warzywa**	*vazhivah*

Menu Decoder

Bread	**Chleb**	*hlehb*
Oil	**Olej**	*o̱ley*
Pepper	**Pieprz**	*pyehpsh*
Salt	**Sól**	*sool*
Vinegar	**Ocet**	*o̱tset*
Cake	**Ciasto**	*cha̱stoh*
Cereal	**Płatki śniadaniowe**	*pwa̱tkee shnyadahnyo̱veh*
Cream	**Śmietana**	*shmyeta̱nah*
Fruit	**Owoc**	*o̱vots*
Ice cream	**Lody**	*lo̱di*
Milk	**Mleko**	*mle̱hkoh*
Tart	**Tarta**	*ta̱rtah*

Popular sauces

Sos grzybowy	*sohs gzhibo̱hvi*	Mushroom sauce
Sos koperkowy	*sohs kohpehrko̱hvi*	Dill sauce
Sos chrzanowy	*sohs hshano̱hvi*	Horseradish sauce
Ćwikła	*chfe̱ekwah*	Horseradish and beets
Sos szary	*sohs sha̱ri*	Sweet grey sauce
Żurawina	*zhoorahve̱enah*	Cranberry sauce

Starters

Śledź	*shlehj*	Herring marinated or in oil
Tatar	*ta̱htahr*	Steak tartare with raw egg
Marynaty	*marina̱hti*	Marinated fruits and vegetables
Zupa ogórkowa	*zoo̱pah ohgoorko̱hvah*	Pickled cucumber soup
Krupnik	*kroo̱pnik*	Vegetable soup with grains
Kapuśniak	*kahpoo̱shnyak*	Sour cabbage soup
Pasztet z zająca	*pa̱shteht z zayo̱ntsah*	Hare pâté
Barszcz	*ba̱rshch*	Clear beetroot soup
Zupa szczawiowa	*zoo̱pah shchavyo̱hvah*	Sorrel soup

Second course dishes

Dziczyzna	*jeechi̱znah*	Game

Comber z sarny	*tsombehr z sahrni*	Saddle of deer
Żeberka	*zhehbehrkah*	Ribs
Zrazy wołowe	*zrazi vowohveh*	Marinated veg wrapped in beef
Kotlet schabowy	*kotleht s-habohvi*	Breaded pork chop
Gęś pieczona	*gensh pyehchohnah*	Roast goose
Pierogi z mięsem	*pyehrohgee z myensem*	Meat-filled dumplings
Pierogi ruskie	*pyehrohgee rooskie*	Potato and cheese-filled dumplings
Pierogi z kapustą i grzybami	*pyehrohgee z kahpooston ee gzhibahmee*	Cabbage and mushroom-filled dumplings
Pierogi z owocami	*pyehrohgee z ovotsahmee*	Fruit-filled dumplings

It's a start
Poland's yummy traditional appetiser is **chleb ze smalcem**, thick slabs of homemade bread and a clay pot of lard which may include bacon bits, fried onion or marjoram.

Side dishes

Kasza gryczana	*kashah grichahnah*	Buckwheat
Pęczak	*penchak*	Barley
Kopytka	*kohpitkah*	Polish potato-based gnocchi
Kapusta kiszona	*kapoostah keeshohnah*	Sauerkraut
Ogórki kiszone	*ohgoorkee keeshohneh*	Dill pickles
Buraczki zasmażane	*boorachkee zasmazhaneh*	Fried mashed beets
Surówka	*sooroofkah*	Grated raw vegetables

Menu Decoder

Groch z kapustą	gro-h z kah<u>poos</u>ton	Peas and cabbage
Groch z marchwią	gro-h z <u>marh</u>fyon	Peas and carrots

Desserts

Szarlotka	shar<u>lot</u>kah	Apple charlotte
Sernik	<u>sehr</u>nik	Cheesecake
Makowiec	mah<u>koh</u>vyehts	Poppyseed cake
Babka drożdżowa	<u>bab</u>kah drohzh<u>jo</u>vah	Yeast cake
Kisiel	<u>kee</u>shehl	Juice and cornstarch jelly

Drinks

Kefir	<u>keh</u>feer	Fermented milk drink
Maślanka	mash<u>lan</u>kah	Buttermilk
Zsiadłe mleko	zsha<u>d</u>weh <u>mleh</u>koh	Sour milk
Herbata po góralsku	hehr<u>bah</u>tah poh goo<u>ral</u>skoo	Tea with moonshine
Kompot	<u>kom</u>poht	Water boiled with fruits and sugar

Bar or bar

The word "**bar**", or "**barek**", does not mean the same as "bar" in English; in Polish, it designates a fast-food place that might offer beer but will certainly do fried and microwaved take-aways.

Snacks

Obważanki	obva<u>zhan</u>kee	Mini bagels
Drożdżówka	drozh<u>joov</u>kah	Danish pastries with fillings
Chleb ze smalcem	hleb zeh <u>smal</u>tsehm	Bread slices and lard

Shopping

Poland has long forgotten the days of empty shelves, mile-long queues and ration cards. Today the retail sector bustles with Polish brand names and many popular foreign fashion labels. In some cities there seems to be a shopping centre at every corner, and there are treasures to be found in smaller shops and the local **rynek** (market). A unique form of trade can be encountered on country roads, especially in summer, when fruit-pickers and farmers display their wares. You'll not only snap up many a punnet of super-fresh treats, but you'll also meet some amazing characters!

Shopping

Essentials

Where can I buy...?	Gdzie mogę kupić…?	gjeh mogeh koopeech...?
I'd like to buy...	Chcę kupić…	htseh koopeech...
Do you have...?	Czy mają Państwo….?	chi mayon pahystfoh...?
Do you sell...?	Czy sprzedają Państwo…?	chi spshehdahyon pahystfoh...?
I'd like this	Poproszę to	pohprohsheh toh
I'd prefer...	Wolę…	voleh...
Could you show me...?	Czy może mi Pan/Pani pokazać…?	chi mohzheh mee pan/panee pohkahzach...?
I'm just looking, thanks	Tylko oglądam, dziękuje	tilkoh ohglondahm, jenkooyeh
How much is it?	Ile to kosztuje?	eeleh toh koshtooyeh?
Could you write down the price?	Czy może Pan/Pani napisać cenę?	chi mohzheh pan/panee nahpeesach tsehneh?
Do you have any items on sale?	Czy jest coś na wyprzedaży?	chi yest tsosh nah vipshehdahzhi?
Could I have a discount?	Czy mogę dostać zniżkę?	chi mogen dohstach zneeshkeh?
Nothing else, thanks	To wszystko, dziękuję	toh fshistkoh, jenkooyeh
Do you accept credit cards?	Czy można płacić kartą kredytową?	chi mohzhnah pwahcheech karton krehditohvon?

Udderwise known as

"Krówka" means "little cow"… it also means Poland's famous fudge, which comes in little rectangular blocks wrapped in waxy coloured paper.

It's a present: could I have it wrapped, please?	**To prezent: czy można to zapakować?**	*toh prehzent: chi mohzhnah toh zapahkohvach?*
Could you post it to...?	**Proszę to wysłać do...**	*prohsheh viswach doh...*
Can I exchange it?	**Czy mogę to wymienić?**	*chi mohgeh toh vimyehnich?*
I'd like to return this	**Chcę to zwrócić**	*htseh toh zvroochich*
I'd like a refund	**Proszę o zwrot pieniędzy**	*prohsheh oh zvrot pyehnyendzi*

Sales
Wyprzedaż (sale) is the word to watch. Expect up to 70 per cent off, pushy crowds and no exchanges or returns.

Local specialities

Every part of Poland has its own special product. For the Baltic Coast it's amber; the mountainous end of the country works magic with wood and glass; in the east they make spectacular palms for Palm Sunday. Poles also specialise in lace and needlework, pottery and knitwear. Good places to look for local souvenirs are museums and galleries.

| Can you recommend a shop selling local specialities? | **Czy może Pan/Pani polecić sklep z lokalnymi specjałami?** | *chi mohzheh pan/ panee pohlehchich sklep z lokalnimee spetsyawahmee?* |
| What are the local specialities? | **Jakie są lokalne specjały?** | *yahkyeh son lokalneh spetsyawi?* |

Shopping

Shopping

Over the counter
Except in shopping centres, many shops in Poland still keep all their wares on shelves behind a big counter, or **lada**, and customers are at the mercy of its daunting female guardians. Keep this guide with you at all times!

What should I buy from here?	**Co mam tu kupić?**	*tso mam too koopeech?*
Is this good quality?	**Czy to jest dobrej jakości?**	*chi toh yest dobrey yakoshchee?*
Do you make this yourself?	**Czy sam Pan/ sama Pani to robi?**	*chi sam pan/ sama panee toh rohbee?*
Is it handmade?	**Czy to jest ręcznie robione?**	*chi toh yest renchnyeh rohbyohneh?*
Do you make it to measure?	**Czy robi Pan/Pani na wymiar?**	*chi rohbee pan/ panee nah vimyahr?*
Can I order one?	**Czy mogę jeden zamówić?**	*chi mohgeh yehden zamoovich?*

Popular things to buy

The most popular things to buy in Poland are handmade and have a long tradition behind them. Poles tend to take great care in producing beautiful items, which then often cost next to nothing compared to the effort that has been invested.

Bursztyn	*boorshtin*	Amber
Palemka	*pahlemkah*	Palm Sunday palms from dried flowers
Bolesławiec	*bolehswavyehts*	Pottery from Bolesławiec
Haftowany obrus	*haftovani obroos*	Tablecloth with needlepoint

30

Bombki	_bompkee_	Glass Christmas balls
Papcie góralskie	_papcheh gooralskyeh_	Woolly slippers from the mountains
Oscypek	_ostsipek_	Smoked sheep's milk cheese
Figurki drewniane	_feegoorkee drevnyaneh_	Figurines carved in wood
Wódka	_voodkah_	Vodka
Szkło z Krosna	_shkwoh z krosnah_	Glassware from Krosno
Śliwki w czekoladzie	_shleefkee v chehkohlahjeh_	Chocolate-covered plums
Pierniki toruńskie	_pyehrneekee toroonskyeh_	Gingerbread from Toruń
Torcik wedlowski	_torcheek vehdlovskee_	Chocolate wafer by Wedel
Biżuteria	_beezhootehryah_	Jewellery
Len	_len_	Linen

Spending space
Poland has recently been crawling with cranes and bulldozers busily upgrading the shopping experience. Among the more innovative projects designed to help you spend is Warsaw's Złote Tarasy, a cluster of truly cosmic-looking buildings.

Clothes & shoes
For original finds in the fashion department, try Kraków, Warsaw or Łódź, which is historically Poland's textile capital. Polish fashion keeps up with Western trends while maintaining a unique look. That's not euphemistic. Linen is a popular fabric for both women and men's clothing. A number of Polish shoe manufacturers have Italian names to heighten prestige.

Where is the... department?	**Gdzie jest dział...**	_gjeh yest jahw..._
- clothes	**- z ubraniami?**	_- z oobrahnyahmee?_

Shopping

- shoe	- z butami?	- z boot<u>ah</u>mee?
- women's	- dla kobiet?	- dlah <u>koh</u>byeht?
- men's	- dla mężczyzn?	- dlah <u>mensh</u>chizn?
- children's	- dla dzieci?	- dla <u>jeh</u>chee?
Which floor is the...?	Na którym piętrze jest…?	nah <u>ktoo</u>rim <u>pyent</u>sheh yest…?
I'm looking for...	Szukam…	<u>shoo</u>kahm...
- a skirt	- spódnicy	- spood<u>neet</u>si
- trousers	- spodni	- <u>spod</u>nee
- a top	- bluzeczki	- bloo<u>zehch</u>kee
- a jacket	- kurtki	- <u>koort</u>kee
- a T-shirt	- T-shirtu	- T-<u>shehr</u>too
- jeans	- dżinsów	- <u>jeen</u>soof
- shoes	- butów	- <u>boo</u>toof
- underwear	- bielizny	- byeh<u>leez</u>ni
Can I try it on?	Czy mogę to przymierzyć?	chi <u>moh</u>geh toh pshi<u>myeh</u>zhich?
What size is it?	Jaki to jest rozmiar?	<u>ya</u>kee toh yest <u>rohz</u>myahr?
My size is...	Mój rozmiar to	mooy <u>rohz</u>myahr toh
- small	- eska	- <u>es</u>kah
- medium	- emka	- <u>em</u>kah
- large	- elka	- <u>el</u>kah

(see clothes size converter on p96 for full range of sizes)

Do you have this in my size?	Czy jest mój rozmiar?	chi yest mooy <u>rohz</u>myahr?
Where is the changing room?	Gdzie jest przymierzalnia?	gjeh yest pshimyeh<u>zhahl</u>nyah?

Credit card care
Polish shop employees are trained to scrutinise and compare signatures on cards and recipts. If your own autograph on the latter isn't all that convincing, you might well be asked for additional ID.

It doesn't fit	**To nie pasuje**	*toh nyeh pah<u>soo</u>yeh*
It doesn't suit me	**To nie w moim stylu**	*toh nyeh v <u>mo</u>eem <u>sti</u>loo*
Do you have a… size?	**Czy jest… rozmiar?**	*chi yest… roh<u>z</u>myahr?*
- bigger	**- większy**	*- <u>vyenk</u>shi*
- smaller	**- mniejszy**	*- <u>mnyey</u>shi*
Do you have it/them in…	**Czy jest**	*chi yest*
- black?	**- czarny/a/e?**	*- <u>chahr</u>ni/ah/eh?*
- white?	**- biały/a/e?**	*- <u>byah</u>wi/ah/eh?*
- blue?	**- niebieski/a/e?**	*- nyeh<u>byeh</u>skee/ ah/yeh?*
- green?	**- zielony/a/e?**	*- zheh<u>loh</u>ni/ah/eh?*
- red?	**- czerwony/a/e?**	*- chehr<u>voh</u>ni/ah/eh?*
Are they made of leather?	**Czy to jest ze skóry?**	*chi toh yest ze <u>skoo</u>ri?*
I'm going to leave it/them	**Nie wezmę tego**	*nyeh <u>vez</u>meh <u>teh</u>goh*
I'll take it/them	**Poproszę to**	*po<u>proh</u>sheh toh*

Cepelia
The official state-owned chain of souvenir and handicraft shops is called Cepelia. Don't hesitate to walk into a Cepelia to check an array of must-haves.

You may hear…

Czy mogę pomóc?	*chi <u>mo</u>geh <u>po</u>moots?*	Can I help you?
Czy ktoś Pana/ Panią/Państwa obsługuje?	*chi ktosh <u>pa</u>na/ panion/<u>pahy</u>stfah obswoo<u>goo</u>yeh?*	Have you been served?
Jaki rozmiar?	*<u>ya</u>kee <u>rohz</u>myahr?*	What size?
Nie mamy	*nyeh <u>ma</u>mi*	We don't have any
Proszę	*<u>pro</u>sheh*	Here you are

Shopping

Czy coś jeszcze?	*chi tsosh yeshcheh?*	Anything else?
Czy zapakować?	*chi zapakovach?*	Shall I wrap it for you?
To kosztuje (50) złotych	*toh koshtoojeh (50) zwoti*	It's (50) złoty
To jest po obniżonej cenie	*toh yest poh obneezhohney tsehnyeh*	It's reduced

Where to shop

Where can I find a...	**Gdzie mogę znaleźć...**	*gjeh mogeh znahleshch...*
- bookshop?	**- księgarnię?**	*- kshengahrnyeh?*
- clothes shop?	**- sklep z ubraniami?**	*- sklep z oobranyahmee?*
- department store?	**- dom towarowy?**	*- dohm tohvahrovi?*
- gift shop?	**- sklep z upominkami?**	*- sklep z oopomeenkahmee?*
- music shop?	**- sklep muzyczny?**	*- sklep moozichnee?*
- market?	**- rynek?**	*- rinek?*
- newsagent?	**- kiosk?**	*- kyosk?*
- shoe shop?	**- sklep z butami?**	*- sklep z bootahmee?*
- stationer's?	**- sklep papierniczy?**	*- sklep pahpyehrneechi?*
- tobacconist?	**- sklep z wyrobami tytoniowymi?**	*- sklep z virohbahmee titohnyohvimee?*

Exact sums
You will be constantly asked for **drobne** (small change), and don't be surprised to have the cashier straining her neck to peer into your wallet if you claim not to have any.

34

- souvenir shop?	- sklep z pamiątkami?	- sklep z pahmyont-kamee?
Where's the best place to buy...?	Gdzie najlepiej kupić...?	gjeh nahylehpyey koopeech...?
- a film	- film	- feelm
- an English newspaper	- angielską gazetę	- angyelskon gazehteh
- a map	- mapę	- mapeh
- postcards	- kartki pocztowe	- kartkee pochtohveh
- a present	- prezent	- prehzent
- stamps	- znaczki pocztowe	- znachkee pochtohveh
- sun cream	- krem do opalania	- krehm doh opahlanyah

Blast from the past souvenirs
If you're hankering for something less cliché than vodka and wooden spoons, Solidarity paraphernalia and likenesses of Lech Wałęsa make fantastic purchases.

Food & markets

Is there a supermarket/ market nearby?	Czy jest w okolicy supermarket/ rynek?	chi yest v okohleetsi supermarket/ rinek?
Can I have...	Czy mogę prosić...	chi mogeh prosheech...
- some bread?	- chleb?	- hlep?
- some fruit?	- owoce?	- ovotseh?
- some cheese?	- sera?	- sehrah?
- a bottle of water?	- butelkę wody?	- bootelkeh vodi?
- a bottle of wine?	- butelkę wina?	- bootelkeh veenah?
I'd like... of that	Poproszę (...) tego	poprohsheh... tehgoh

- half a kilo	**- pół kilo**	*- poow keeloh*
- 250 grams	**- dwieście pięćdziesiąt gramów**	*- dvyehshcheh pyenjehshont gramoof*
- a small/ big piece	**- mały/duży kawałek**	*- mahwi/doozhi kavahwehk*

Import & export

If you're travelling within the EU you can leave Poland with 200 cigarettes, 110 litres of beer, 90 litres of wine and 10 litres of spirits. There is a legal peculiarity you need to be aware of if you are thinking of purchasing art or old books to take out of the country: if you buy items of either type that date from before 1945, you need to obtain permission from the Wojewódzki Konserwator Zabytków (Regional Curator's Office) or the Biblioteka Narodowa (National Library) to take them home. The people from whom you buy such items should be able to guide you through the bureaucracy. If they can't – or won't – it would be wise to forget the purchase. VAT returns apply to non-EU citizens only.

Opening hours

Shops in the high streets are open Monday to Friday from 10 or 11am until 6 or 7pm, and Saturday from 10 or midday until 2 or 3pm. Shopping centres generally open at 9am and remain open until 9pm. They also open on Sundays, usually from 10am until 8pm.

Getting Around

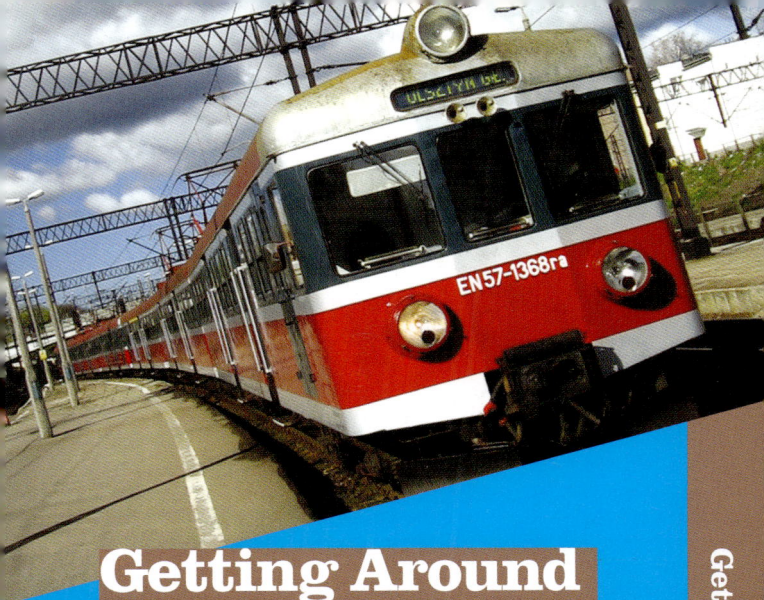

Travelling around Poland is inexpensive compared to other EU countries. There are buses, trains and planes, with buses being by far the cheapest but also the slowest and least comfortable option. Trains have a good network of connections and run frequently between major cities and smaller towns, though works on new tracks may cause delays.

Flying is expensive and not necessarily the fastest option, especially if you're travelling across the country, as you'll have to connect in Warsaw. Driving is an entirely different story and should be considered carefully: Polish roads and driving habits still leave much to be desired.

Getting Around

Arrival

You can get to Poland by plane (including a number of low-cost airlines), train if you're travelling from Germany, the Czech Republic and other neighbouring countries, or ferry (cruising across the Baltic from Scandinavia to ports in the Tricity or Świnoujście). Once in the country further travel can be organised spontaneously as trains and buses are rarely sold out.

Where is/are the...	**Gdzie**	*gjeh*
- luggage from flight...?	**- są bagaże z lotu…?**	*- son ba__ga__zheh z l__o__too...?*
- luggage trolleys?	**-są wózki bagażowe?**	*- son v__oo__skee baga__zhoh__veh?*
- lost luggage office?	**- jest biuro bagaży zagubionych?**	*- yest by__oo__roh ba__ga__zhi zahgoob__yoh__nih?*

Where is/are the...	**Gdzie**	*gjeh*
- buses?	**- są autobusy?**	*- son autoh__boo__si?*
- trains?	**- są pociągi?**	*- son po__chon__gee?*
- taxis?	**- są taksówki?**	*- son tak__soof__kee?*
- car rental?	**- jest wypożyczalnia samochodów?**	*- yest vipozhi__chal__nyah samo__ho__doof?*
- exit?	**- jest wyjście?**	*- yest v__iysh__cheh?*

| How do I get to hotel...? | **Którędy do hotelu...?** | *ktoo__rendi__ doh hot__e__loo...?* |

My baggage is...	**Mój bagaż został…**	*mooy bagazh z__ostau__...*
- lost	**- zgubiony**	*- zgoo__byo__ni*
- damaged	**- zniszczony**	*- zneesh__cho__ni*
- stolen	**- ukradziony**	*- ookra__joh__ni*

Sign language
These days, bilingual signs tell tourists of nearby monuments, churches and other places of interest, and even offer directions to hotels and public transport stops.

Customs

The customs crew in Poland can be very official and expressionless. Don't be offended, they're just doing their job. It's best to remain polite and neutral; cracking jokes may be misunderstood. It's not unusual to have your bags opened after they've been x-rayed by customs at the airport.

The children are on this passport	**Dzieci są w tym paszporcie**	*jeh*chee son v tim pash*por*cheh
We're here on holiday	**Jesteśmy na wakacjach**	yes*tesh*mi nah va*kat*syah
I'm going to...	**Jadę do…**	*ya*deh doh...
I have nothing to declare	**Nie mam nic do zgłoszenia**	nyeh mam neets doh zgwo*sheh*nyah
Do I have to declare this?	**Czy to muszę zgłosić?**	chi toh *moo*sheh *zgwo*sheech?

Car hire

Most international brands are present in Poland and have locations at airports, major railway stations and other convenient addresses. There are also a number of local companies offering competitive prices, however these need to be contacted in advance to check availability. In most cases you must be at least 21 years of age and have had your licence for no less than one year.

I'd like to hire a...	**Chcę wypożyczyć**	htseh vipoh*zhi*chich
- car	**- samochód**	- *sa*mohoot
- people carrier	**- bus**	- boos
with...	**z…**	z...
- air conditioning	**- klimatyzacją**	- kleemahti*zat*syon
- automatic transmission	**- z automatyczną skrzynią biegów**	- autohmah*tich*non *skshi*nyon *byeh*goof
How much is that for a...	**Ile kosztuje...?**	*ee*leh kosh*too*jeh...?
- day?	**- dzień**	- jen
- week?	**- tydzień**	- *ti*jen
Does that include...	**Czy cena zawiera…**	chi *tseh*nah za*vyeh*rah...

Getting Around

39

| - mileage? | **- nieograniczony przebieg?** | - *nyehograhnichohni pshehbyek?* |
| - insurance? | **- ubezpieczenie?** | - *oobezpyechehnyeh?* |

> **Speeding tickets**
> If you're pulled over for speeding or any other road crime try to talk your way out of a fine. If it doesn't work, remember the police aren't allowed to cash in on the spot.

On the road

The advice is: be careful. Poles drive fast, feel that road regulations are for wimps and never fail to admire a risky manoeuvre. The roads themselves are in poor condition and highways are practically non-existent.

What is the speed limit?	**Jakie jest ograniczenie prędkości?**	*yakyeh yest ograneechehnyeh prentkoshchee?*
Can I park here?	**Czy mogę tu zaparkować?**	*chi mogeh too zaparkovach?*
Where is a petrol station?	**Gdzie jest stacja benzynowa?**	*gjeh yest statsyah benzinohvah?*
Please fill up the tank with...	**Proszę nalać...**	*prosheh nahlach...*
- unleaded	**- bezołowiową**	- *behzowovyovon*
- diesel	**- olej napędowy**	- *oley napendovi*
- leaded	**- ołowiową**	- *owovyovon*
- LPG	**- gaz**	- *gas*

Directions

Is this the road to...?	**Czy to droga do...?**	*chi toh drohgah doh...?*
How do I get to...?	**Jak trafić do...?**	*yak trafeech doh...?*
How far is it to...?	**Jak daleko jest do...?**	*yak dalehkoh yest doh...?*
How long will it take to...?	**Ile czasu zajmie dojazd do...?**	*eeleh chasoo zahymyeh dohyast doh...?*

Could you point it out on the map?	**Czy może Pan/ Pani pokazać na mapie?**	*chi mozheh pan/ panee pokazach nah mapyeh?*
I've lost my way	**Zgubiłem/ zgubiłam się**	*zgoobeewehm/ wahm sheh*
On the right/left	**Po prawej/lewej**	*poh prahvey/lehvey*
Turn right/left	**Skręć w prawo/ lewo**	*skrench v prahvoh/ lehvoh*
Straight ahead	**Prosto**	*prostoh*
Turn around	**Zawróć**	*zavrooch*

Public transport

Each city and town will have its own public transport system. Buses are everywhere; larger agglomerations also run trams, trolleybuses and trains. Travel is cheap and can be anything from very efficient to turtle's pace. Buy tickets at stations and kiosks or from the driver. Many cities have invested in new, modern vehicles. Most intercity trains are air-conditioned and fitted with handy power sockets.

Bus	**Autobus**	*autohboos*
Bus station	**Przystanek/ dworzec autobusowy**	*pshistanek/ dvohzhets autohboosovi*
Train	**Pociąg**	*pohchong*
Train station	**Stacja kolejowa/ dworzec kolejowy**	*statsyah koleyohvah/ dvozhets koleyohvi*
I would like to go to...	**Chcę pojechać do…**	*htseh poyehach doh...*
I would like a... ticket	**Poproszę…**	*poprosheh...*
- single	**- bilet w jedną stronę**	*- beelet v yehdnon strohneh*
- return	**- bilet powrotny**	*- beelet pohvrohtni*
- first class	**- bilet w pierwszej klasie**	*- beelet v pyehrfshey klasheh*
- smoking/ non-smoking	**- bilet dla palących/ niepalących**	*- beelet dlah pahlontsih/ nyehpahlontsih*
What time does it leave/arrive?	**O której odjeżdża/ przyjeżdża?**	*oh ktoorey odyezh-jah/pshiyezhjah?*
Could you tell me when to get off?	**Czy może mi Pan/ Pani powiedzieć kiedy wysiąść?**	*chi mozheh mee pan/ panee povyehjech kyehdi vishonshch?*

Taxis

There are three ways to catch a taxi: hail one down, take the first in line at a cab rank or order one by phone. The best way to avoid being ripped off is to apply the same rules that you would anywhere else. Don't get into no-name cars or ones without their official rates printed on a sticker in the window. Airports and train stations usually sign contracts with one or two reliable companies whose cars park outside the entrance – choose those.

I'd like a taxi to...	**Poproszę taksówkę do..**	po_proh_sheh tak_soof_keh doh...
How much is it to the...	**Ile kosztuje kurs...**	_ee_leh kosh_tooy_eh koors...
- airport?	**- na lotnisko?**	- nah lot_nees_koh?
- town centre?	**- do centrum?**	- doh _tsent_room?
- hotel?	**- do hotelu?**	- doh ho_tel_oo?

Tours

Finding a decent tour guide is not a problem in Poland. There are many official, English-speaking guides willing to show you around on foot, by bike, golf-cart, bus or boat, either in larger groups or on private tours tailored to your interests.

Are there any organised tours of the town/region?	**Czy są zorganizowane wycieczki po okolicy?**	chi son zorgane-ezoh_vah_neh vi_chech_kee poh okoh_leet_si?
Where do they leave from?	**Skąd wyruszają?**	skont viroo_shay_on?
What time does it start?	**O której zaczynają?**	oh k_too_rey zachi_nay_on?
Do you have English-speaking guides?	**Czy jest anglojęzyczny przewodnik?**	chi yest angloyen_zich_ni pshe_vohd_neek?
Is lunch/tea included?	**Czy obiad/herbata jest w cenię?**	chi o_byahd_/hehr_bah_tah yest v _tseh_nyeh?
Do we get any free time?	**Czy będzie czas wolny?**	chi _ben_jeh chahs _vol_ni?
Are we going to see...?	**Czy zobaczymy...?**	chi zoba_chi_mi...?
What time do we get back?	**O której jest powrót?**	oh k_too_rey yest _pov_root?

Accommodation

Poland offers everything from sparkling new 5-star hotels to dirt-cheap **pokoje**, which are simply spare rooms in people's houses. Finding luxury in smaller towns is a challenge, but you'll discover that the countryside is scattered with old palaces, manor houses and monasteries converted into very elegant, well-equipped hotels. Imagine sleeping in what used to be the cell of a silent Camedulian monk or a medieval torture chamber. Those travelling with wellness in mind will be delighted equally by sea and mountains. Both settings offer modern spa hotels with state-of-the-art equipment and well-trained staff.

Accommodation

Types of accommodation

The best way to find accommodation in Poland is via the Internet or the local tourist information office. Making reservations ahead of time is smart, especially for popular destinations such as Warsaw, Kraków, Gdańsk or Wrocław. Calling to confirm your reservation is good practice for smaller hotels and pensions, and have cash to pay your bill as many don't accept credit cards.

I'd like to stay in...	**Chcę zatrzymać się...**	htseh zat_shi_mach sheh...
- an apartment	**- w mieszkaniu**	- v myehsh_kan_yoo
- a campsite	**- na polu kempingowym**	- na _poh_loo kempin_goh_vim
- a hotel	**- w hotelu**	- v ho_te_loo
- a serviced room	**- w prywatnej kwaterze**	- v pri_vaht_ney kfah_teh_zheh
- a youth hostel	**- w schronisku młodzieżowym**	- v s-hro_nees_koo mwojeh_zhoh_vim
- a guest house	**- w pensjonacie**	- v pensyoh_nah_cheh
Is it...	**Czy jest**	chi yest
- full board?	**- pełne wyżywienie?**	- _pehw_neh vizhi_vyeh_nyeh?
- half board?	**- częściowe wyżywienie?**	- chensh_choh_veh vizhi_vyeh_nyeh?
- self-catering?	**- bez wyżywienia?**	- behz vizhi_vyeh_nyah?

Reservations

Do you have any rooms available?	**Czy są wolne pokoje?**	chi son _vol_neh po_ko_yeh?

Star qualities

Polish hotels are rated with stars. Fewer than 3 means no more than the bare minimum; 3 and up is comparable to what you would find in the UK; most 5-stars easily top older facilities in other European countries.

Can you recommend anywhere else?	**Czy może Pan/Pani polecić inne miejsce?**	*chi mohzheh pan/panee pohlecheech een-neh myeystseh?*
I'd like to make a reservation for...	**Chcę zrobić rezerwację**	*htseh zrohbeech rezervahtsyeh*
- tonight	**- na dziś**	*- nah jeesh*
- one night	**- na jedną noc**	*- nah yednon nots*
- two nights	**- na dwie noce**	*- nah dvyeh notseh*
- a week	**- na tydzień**	*- nah tijen*
From... (1st May) to... (8th May)	**Od... (pierwszego maja) do... (ósmego maja)**	*od ...pyehrfshehgoh mahyah doh oos-mehgoh mahyah*

Room types

Rooms should be equipped with TV, phone and bathroom from 2 stars and up. A double room in a mid-range or budget hotel will have twin beds pushed together rather than one double bed. If you need an Internet connection, ask before you reserve, as it's not a given. Irons and hairdryers may be provided by the reception desk for a deposit.

Do you have... room?	**Czy jest wolny pokój…**	*chi yest volni pokooy...*
- a single	**- jednoosobowy**	*- yednohosobovi*
- a double	**- dwuosobowy**	*- dvoo-osobovi*
- a family	**- rodzinny**	*- rojeen-ni*
with...	**z**	*z*
- a cot?	**- łóżeczkiem dziecięcym?**	*- woozhechkyehm jehchentsim?*
- twin beds?	**- dwoma łóżkami?**	*- dvohmah woozhkahmee?*
- a double bed?	**- z dwuosobowym łóżkiem?**	*- dvoo-osobovim woozhkyehm?*
- a bath/shower?	**- wanną/ prysznicem?**	*- van-non/ prishneetsehm?*
- air conditioning?	**- klimatyzacją?**	*- kleemahtizatsjon?*
- Internet access?	**- dostępem do internetu?**	*- dohstemp doh eenternehtoo?*
Can I see the room?	**Czy mogę obejrzeć pokój?**	*chi mogeh obeyzhech pokooy?*

Accommodation

45

Accommodation

Prices

The basic price in any hotel includes breakfast unless specified otherwise. No need to worry about hidden costs but remember that phone calls and minibar contents aren't complimentary. In some regions you'll find **opłata klimatyczna** or **miejscowa** written on your bill. This is a climate tax imposed on tourists for each day of their stay and usually amounts to a few **złoty**.

How much is...	Ile kosztuje...	_eeleh koshtooyeh..._
- a double room?	- pokój dwuosobowy?	_- pokooy dvoo-osobovi?_
- per night?	- za dobę?	_- zah dobeh?_
- per week?	- za tydzień?	_- zah tijen?_
Is breakfast included?	Czy śniadanie jest w cenię?	_chi shnyadahnyeh yest v tsehnyeh?_
Do you have...	Czy	_chi_
- a reduction for children?	- jest zniżka dla dzieci?	_- yest zneezhkah dlah jehchee?_
- a single room supplement?	-są dostawki?	_- son dohstafkee?_
Is there...	Czy jest	_chi yest_
- a swimming pool?	- basen?	_- bahsehn?_
- a lift?	- winda?	_- veendah?_
I'll take it	Poproszę to	_poprohsheh toh_
Can I pay by...	Czy mogę zapłacić	_chi mogeh zapwacheech_
- credit card?	- kartą?	_- karton?_
- traveller's cheque?	- czekiem podróżniczym?	_- chekyem podroozhneechim?_

Special requests

Could you...	Czy może Pan/Pani	_chi mozheh pan/panee_
- put this in the hotel safe?	- włożyć to do sejfu hotelowego?	_- vwozhich toh doh seyfoo hotelovehgoh?_
- order a taxi for me?	- zamówić dla mnie taksówkę?	_-zamooveech dlah mnyeh taksoofkeh?_
- wake me up at 7am?	- obudzić mnie o siódmej?	_- oboojeech mnyeh oh shoodmey?_

Can I have...	**Czy mogę prosić o...**	*chi mogeh prosheech oh...*
- a room with a sea view?	**- pokój z widokiem na morze?**	*- pokooy z veedokyehm na mozheh?*
- a bigger room?	**- większy pokój?**	*- vyenkshi pokooy?*
- a quieter room?	**- cichszy pokój?**	*- cheehshi pokooy?*
Is there...	**Czy jest…**	*chi yest...*
- a safe?	**- sejf?**	*- seyf?*
- a babysitting service?	**- opiekunka do dzieci?**	*- opyehkoonkah doh jehchee?*
- a laundry service?	**- usługa prania?**	*- ooswoogah pranyah?*
Is there wheelchair access?	**Czy jest podjazd dla wózków?**	*chi yest podyazd dlah vooskoof?*

Chata góralska
A cosy place to spend a few days is a **chata góralska** or mountain hut. Your hostess, the **gaździna**, will serve up a local speciality while you sit by the fire on a boar's skin.

Checking in & out

I have a reservation for tonight	**Mam rezerwację na dzisiejszy wieczór**	*mam rezervatsyeh nah jeesheyshi vyehchoor*
In the name of...	**Na nazwisko…**	*nah nahzveeskoh...*
Here's my passport	**Proszę paszport**	*prosheh pashport*
What time is check out?	**O której kończy się doba hotelowa?**	*oh ktoorey konchi sheh dohbah hotelovah?*
Can I have a later check out?	**Czy mogę wymeldować się później?**	*chi mogeh vimeldovach sheh poozhnyeh?*
Can I leave my bags here?	**Czy mogę zostawić tu swój bagaż?**	*chi mogeh zostahveech too sfooy bahgahzh?*

Accommodation

Accommodation

| I'd like to check out | **Chcę się wymeldować** | *htseh sheh vimeldohvach* |
| Can I have the bill? | **Poproszę rachunek** | *poprohsheh rahoonek* |

Camping

Do you have...	**Czy**	*chi*
- a site available?	**- są wolne miejsca?**	*- son volneh myeystsa?*
- electricity?	**- jest prąd?**	*- yest pront?*
- hot showers?	**- są prysznice z ciepłą wodą?**	*- son prishneetseh z chehpwon vohdon?*
- tents for hire?	**- są namioty do wynajęcia?**	*- son nahmyohti doh vinahyenchah?*

How much is it per...	**Ile zapłacę za…**	*eeleh zapwachtseh zah...*
- tent?	**- namiot?**	*- nahmyot?*
- caravan?	**- przyczepę?**	*- pshichehpeh?*
- person?	**- osobę?**	*- osobeh?*
- car?	**- samochód?**	*- samohoot?*

Where is/are the...	**Gdzie**	*gjeh*
- reception?	**- jest recepcja?**	*- yest retseptsyah?*
- bathrooms?	**- są łazienki?**	*- son wazhenkee?*
- laundry facilities?	**- jest pralnia?**	*- yest pralnyah?*

Camping it up
Many farmers allow camping for a small fee. The right to pitch and lake access, if there is one, is all you're paying for; it's unlikely toilets will be provided.

Survival Guide

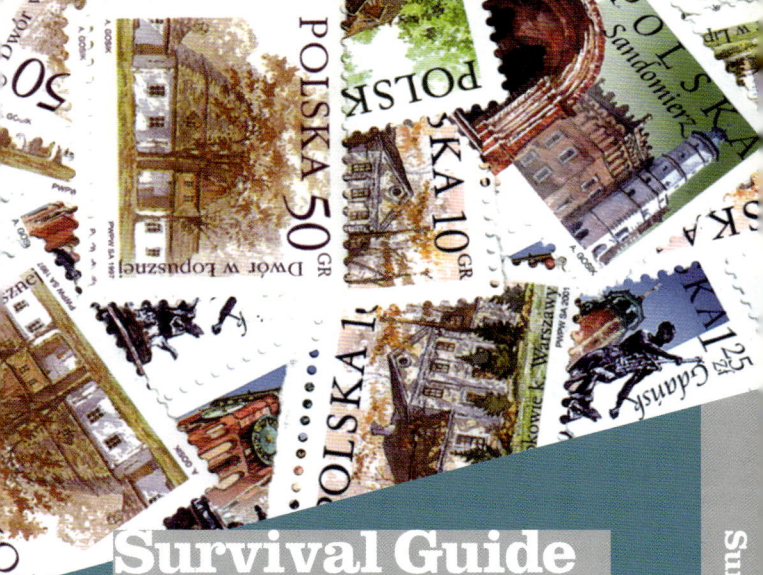

Surviving in Poland is not a big deal once you get past worrying about the language barrier (which, if you're reading this, you can!). Payphones do exist but are dying out. Phone cards can be purchased in kiosks and post offices, most of which operate a take-a-number system to queue for the **znaczki** (stamps) counter. If you're having minor health problems, there are pharmacies every couple of blocks in larger cities and always one or two open 24 hours, usually at the train station or in the high street. If you're leaving the city, remember to take cash with you. ATMs in the countryside are hard to come by and you definitely won't be able to use your credit card.

Survival Guide

Money & banks

Where is the nearest...	Gdzie jest najbliższy	gjeh yest nahy*bleez*hshi
- bank?	- bank?	- bank?
- ATM/bank machine?	- bankomat?	- ban*koh*maht?
- foreign exchange office?	- kantor?	- *kan*tor?
I'd like to...	Chciałbym/ chciałabym	h*chaw*bim/ h*chaw*abim
- withdraw money	- pobrać pieniądze	- *poh*brach pyeh*nyon*dzeh
- cash a traveller's cheque	- zrealizować czek turystyczny	- zreyahlee*zoh*vach chek tooris*tich*ni
- change money	- wymienić pieniądze	- vi*myeh*neech pyeh*nyon*dze
- arrange a transfer	- zrobić przelew	- *zro*beech *pshehl*ef
Could I have smaller notes, please?	Czy mogę prosić drobniej?	chi *mogeh pro*sheech *drob*nyehy?
What's the exchange rate?	Jaki jest kurs?	*ya*kee yest koors?
What's the commission?	Jaka jest prowizja?	*ya*ka yest pro*vee*zyah?
What's the charge for...	Jaka jest opłata za...	*ya*ka yest op*wa*tah zah...
- making a withdrawal?	- wypłatę pieniędzy?	- vi*pwa*teh pye*nyen*dzi?
- exchanging money?	- wymianę pieniędzy?	- vi*myan*ah pye*nyen*dzi?
- cashing a cheque?	- realizację czeku?	- reyahlee*za*tsyeh *che*koo?

Emergency money

If you need to send or receive money urgently, contact Western Union – there are 3,800 branches throughout the country.

What's the minimum/ maximum amount?	**Jaka jest minimalna/ maksymalna kwota?**	*yaka jest meeneemalnah/ maximalnah kfohtah?*
This is not right	**To się nie zgadza**	*toh sheh nyeh zgadzah*
Is there a problem with my account?	**Czy jest problem z moim kontem?**	*chi yest problem z moeem kontem?*
The ATM/bank machine took my card	**Bankomat zatrzymał moją kartę**	*bankomaht zatshimaw moyon karteh*
I've forgotten my PIN	**Zapomniałem/ zapomniałam kodu PIN**	*zapomnyawem/wam kodoo peen*

Post office

Where is the (main) post office?	**Gdzie jest poczta (główna)?**	*gjeh yest pochtah (gwoovnah)?*
I'd like to send a...	**Chcę wysłać**	*htseh viswach*
- letter	**- list**	*- leest*
- postcard	**- kartkę pocztową**	*- kartkeh pochtovon*
- parcel	**- paczkę**	*- pachkeh*
- fax	**- fax**	*- fax*
I'd like to send this...	**Chcę to wysłać...**	*htseh toh viswach...*
- to the United Kingdom	**- do Anglii**	*- doh anglee*
- by airmail	**- pocztą lotniczą**	*- pochton lotneechon*
- by express mail	**- ekspresem**	*- expresem*
- by registered mail	**- poleconym**	*- polehtsohnim*
I'd like...	**Poproszę**	*poprosheh*
- a stamp for this letter/postcard	**- znaczek na list/kartkę**	*- znachek na leest/kartkeh*
- to buy envelopes	**- kopertę**	*- kohperteh*
- to make a photocopy	**Chcę to skserować**	*htseh toh skserovach*
It contains...	**To zawiera…**	*toh zahvyehrah...*
It's fragile	**To jest delikatne**	*toh yest dehleekatneh*

The dialling drill

To dial abroad, start with a 00 and the country code from a landline, or + and the country code from a mobile. To call a Polish number, first dial 0 and the area code (or just the area code from a mobile).

Telecoms

Where can I make an international phone call?	**Gdzie mogę zadzwonić za granicę?**	*gjeh mogeh zadzvoneech za graneetseh?*
Where can I buy a phone card?	**Gdzie mogę kupić kartę telefoniczną?**	*gjeh mogeh koopeech karteh telefoneechnon?*
How do I call abroad?	**Jak się dzwoni za granicę?**	*yak sheh dzvonee zah graneetseh?*
How much does it cost per minute?	**Ile kosztuje minuta połączenia?**	*eeleh koshtooyeh meenootah powonchehnyah?*
The number is...	**Numer to...**	*noomer toh...*
What's the area/ country code for...?	**Jaki jest numer kierunkowy do...?**	*yakee yest noomer kyeroonkovi doh...?*
The number is engaged	**Numer jest zajęty**	*noomer yest zayenti*
The connection is bad	**Jest złe połączenie**	*yest zweh powonchehnyeh*
I've been cut off	**Przerwało mi**	*pshervawoh mee*
I'd like...	**Poproszę**	*poprosheh*
- a charger for my mobile phone	**- ładowarkę do mojego telefonu**	*- wadovarkeh doh moyehgoh telefonoo*
- an adaptor plug	**- przejściówkę**	*- psheyshchoofkeh*
- a pre-paid SIM card	**- kartę SIM**	*- karteh seem*

Internet

Where's the nearest Internet café?	**Gdzie jest najbliższa kawiarenka internetowa?**	*gjeh yest nahybleezhshah kaviarenkah internetovah?*

Can I access the Internet here?	**Czy jest tu dostęp do internetu?**	*chi yest too dostemp doh internetoo?*
I'd like to...	**Chciałbym/ chciałabym**	*hchawbim/ hchawabim*
- use the Internet	**- skorzystać z internetu**	*- skozhistach z internetoo*
- check my email	**- sprawdzić maile**	*- spravjeech meyleh*
- use a printer	**- coś wydrukować**	*- tsosh vidrookovach*
How much is it...	**Ile kosztuje**	*eeleh koshtoojeh*
- per minute?	**- minuta internetu?**	*- meenootah internetoo?*
- per hour?	**- godzina internetu?**	*- gojeenah internetoo?*
- to buy a CD?	**- płyta CD**	*- pwitah CD?*
How do I...	**Jak mam**	*yak mam*
- log on?	**- się zalogować**	*- sheh zalogovach*
- open a browser?	**- włączyć wyszukiwarkę?**	*- vwonchich vishookeevarkeh*
- print this?	**- to wydrukować?**	*- toh widrookovach?*
I need help with this computer	**Potrzebuję pomocy z komputerem**	*potshehbooyeh pomotsi z kompooterehm*
The computer has crashed	**Komputer jest zepsuty**	*kompooter yest zehpsooti*
I've finished	**Skończyłem/am**	*skonchiwem/am*

Chemist

Where's the nearest (all-night) pharmacy?	**Gdzie jest najbliższa apteka (całodobowa)?**	*gjeh yest nahybleezhshah aptehkah (tsawoh-dohbohvah)?*
What time does the pharmacy open/close?	**Jakie są godziny pracy apteki?**	*yakyeh son gojeeni pratsi aptekee?*
I need something for...	**Potrzebuję czegoś na...**	*potshehboojeh chehgosh nah...*
- diarrhoea	**- rozwolnienie**	*- rozvolnyehnyeh*
- a cold	**- przeziębienie**	*- pshehzhem-byehnyeh*

Survival Guide

- a cough	**- kaszel**	- _ka_shel
- insect bites	**- ukąszenia owadów**	- ookon_sheh_nyah o_va_doof
- sunburn	**- poparzenia słoneczne**	- popah_zheh_nyeh swo_nech_neh
- motion sickness	**- chorobę lokomocyjną**	- ho_ro_beh lokomot_siy_non
- hay fever	**- wysoką gorączkę**	- vi_so_kon go_ron_chkeh
- period pain	**- bóle miesiączkowe**	- _boo_leh myeshonch_ko_veh
- abdominal pains	**- bóle brzucha**	- _boo_leh b_zhoo_hah
- a urine infection	**- infekcję dróg moczowych**	- een_fehk_tsyeh droog mo_cho_vih
- a vaginal infection	**- infekcję dróg rodnych**	- een_fehk_tsyeh droog _rod_nih
I'd like...	**Poproszę…**	po_pro_sheh...
- aspirin	**- aspirynę**	- aspee_ri_neh
- plasters	**- plastry**	- _plas_tri
- condoms	**- prezerwatywy**	- prehzehr_va_tivi
- insect repellent	**- środek odstraszający owady**	- _shroh_dek odstrasha_yon_tsi o_va_di
- painkillers	**- tabletki przeciwbólowe**	- tab_let_kee psheh-cheefboo_lo_veh
- a contraceptive	**- antykoncepcję**	- antikont_sep_tsyeh
How much should I take?	**Ile mam wziąć?**	_ee_leh mam wzhonch?
Take...	**Weź**	vesh
- a tablet	**- tabletkę**	- tab_let_keh
- a teaspoon	**- łyczeczkę**	- wi_zhech_keh
- with water	**- z wodą**	- z _vo_don
How often should I take this?	**Jak często mam to przyjmować?**	yak _chen_stoh mam toh pshiy_moh_vach?
- once/twice a day	**- raz/dwa razy dziennie**	- ras/dvah razi _jen_-nyeh
- before/after meals	**- przed posiłkiem/ po posiłku**	- pshed po_sheew_-kyem/poh po_shiw_koo
- in the morning/ evening	**- rano/wieczorem**	- _ra_noh/ wyeh_cho_rehm

Is it suitable for children?	**Czy można to podawać dzieciom?**	chi _mozhnah_ toh po_davach_ _jehchom_?
Will it make me drowsy?	**Czy to wywołuje senność?**	chi to vivo_wooyeh_ _sen_-noshch?
Do I need a prescription?	**Czy potrzebuję recepty?**	chi potsheh_boojeh_ _retsepti_?
I have a prescription	**Mam receptę**	mam _retsepteh_

Children

Where should I take the children?	**Gdzie mogę zabrać dzieci?**	gjeh _mogeh_ _zabrach_ _jehchee_?
Where is the nearest...	**Gdzie jest ...**	gjeh yest...
- playground?	**- najbliższy plac zabaw?**	- nahy_bleezh_shi plats _zabaf_
- fairground?	**- najbliższe wesołe miasteczko?**	- nahy_bleezh_sheh ve_sow_eh myas_techko_?
- zoo?	**- najbliższe zoo?**	- nahy_bleezh_sheh zoh?
- park?	**- najbliższy park?**	- nahy_bleezh_shi park?
- swimming pool?	**- najbliższa pływalnia?**	- nahy_bleezh_shah pwi_val_niah?
Is this suitable for children?	**Czy to nadaje się dla dzieci?**	chi to na_day_eh sheh dlah _jehchee_?
Are children allowed?	**Czy dzieci mogą wchodzić?**	chi _jehchee_ _mogon_ fho_jeech_?
Are there baby-changing facilities here?	**Czy mogę tu przewinąć dziecko?**	chi _mogeh_ too psheh_veenonch_ _jehts_koh?

Do you have...	**Czy jest…**	chi yest...
- a children's menu?	**- menu dziecięce?**	- meh_nee_ jeh_chentseh_?
- a high chair?	**- krzesełko?**	- kshe_sewkoh_?

Is there...	**Czy jest**	chi yest...
- a child-minding service?	**- opiekunka do dzieci?**	- opye_koonkah_ doh _jehchee_?
- a nursery?	**- przedszkole?**	- pshed_shkoh_leh?

| Can you recommend a reliable babysitter? | **Czy może Pan/Pani polecić zaufaną opiekunkę?** | chi _mozheh_ pan/ _panee_ pole_cheech_ zaoo_fanon_ opye_koon_keh? |

Are the children constantly supervised?	Czy dzieci są pilnowane cały czas?	chi jehchee son peelnohvaneh tsawi chas?
When can I bring them?	Kiedy mogę je przyprowadzić?	kyedi mogeh yeh pshyprovajeech?
What time do I have to pick them up?	O ktorej mam je odebrać?	oh ktoorey mam yeh odebrach?
He/she is ... years old	On/Ona ma ... lat	on/onah mah ... lat
I'd like to buy...	Chciałbym/chciałabym kupić...	hchawbim/hchawabim koopeech...
- nappies	- pieluszki	- pyelooshkee
- baby wipes	- chusteczki nawilżone	- hoostechkee naveelzhohneh
- tissues	- chusteczki	- hoostechkee

Travellers with disabilities

I have a disability	Jestem niepełnosprawny/a	yestehm nyehpewnohsprahvni/ah
I need assistance	Potrzebuję pomocy	potshebooyeh pomotsi
I am blind	Jestem niewidomy/a	yestehm nyehveedohmi/ah
I am deaf	Jestem niesłyszący/a	yestehm nyehswishontsi
I have a hearing aid	Mam aparat słuchowy	mam aparat swoohovi
I can't walk well	Nie bardzo mogę chodzić	nyeh bardzoh mogeh hojeech
Is there a lift?	Czy jest winda?	chi yest veendah
Is there wheelchair access?	Czy jest podjazd dla wózków inwalidzkich?	chi yest podyazd dlah vooskoof eenvaleetskeeh
Can I bring my guide dog?	Czy mogę wziąć ze sobą psa przewodnika?	chi mogeh wzhonch zeh sobon psah pshehvodneekah?
Are there disabled toilets?	Czy są tam toalety dla niepełnosprawnych?	chi son tam toalehti dlah nyehpewnospravnih?
Do you offer disabled services?	Czy oferujecie usługi dla niepełnosprawnych?	chi oferooyehcheh ooswoogee dlah nyehpewnospravnih?

Could you help me...	Czy mogę prosić o pomoc w...	*czy mogeh prosheech oh pomots v...*
- cross the street?	- przejściu przez ulicę?	*- psheyshchoo pshehz oolitseh?*
- go up/down the stairs?	- wejściu/zejściu po schodach?	*- veyshchoo/ zeyshchoo poh s-hodah?*
Can I sit down somewhere?	Czy mogę gdzieś usiąść?	*chi mogeh gjehs ooshonshch?*
Could you call an accessible taxi for me?	Czy może Pan/Pani zamówić taksówkę dla niepełnosprawnych?	*chi mozheh pan/panee zamooveech taxoofkeh dlah nyehpewnospravnih?*

Repairs & cleaning

This is broken Can you fix it?	To jest zepsute Czy można to naprawić?	*toh yest zehpsooteh chi mozhnah toh napraveech?*
Do you have...	Czy są…	*chi son...*
- a battery?	- baterie?	*- bahtehryeh?*
- spare parts?	- części zamienne?	*- chenshchee zamyen-neh?*
Can you ... this?	Czy może Pan/Pani to...?	*chi mozheh pan/panee toh...?*
- clean	- wyczyścić	*- vichishcheech*
- press	- wyprasować	*- viprasohvach*
- dry-clean	- wyczyścić chemicznie	*- vichishcheech hemeechnyeh*
- patch	- załatać	*- zawatach*
When will it be ready?	Na kiedy będzie gotowe?	*nah kyehdi benjeh gotoveh?*
This isn't mine	To nie jest moje	*toh nyeh yest moyeh*

Tourist information

Where's the Tourist Information Office?	Gdzie jest informacja turystyczna?	*gjeh yest eenformatsyah tooristichnah?*
Do you have a city/ regional map?	Czy jest mapa miasta/regionu?	*chi yest mapah myastah/regyonoo?*

Survival Guide

What are the main places of interest?	Jakie są najciekawsze miejsca do odwiedzenia?	yakyeh son nahychekafsheh myeystsah doh odvyedzehnyah?
Could you show me on the map?	Czy może mi Pan/Pani pokazać na mapie?	chi mozheh mee pan/panee pokazach nah mapyeh?
We'll be here for...	Jesteśmy tu na	yesteshmi too nah
- half a day	- pół dnia	- poow dnyah
- a day	- dzień	- jen
- a week	- tydzień	- tijen
Do you have a brochure in English?	Czy jest ulotka po angielsku?	chi yest oolotkah poh angyelskoo?
We're interested in...	Jesteśmy zainteresowani...	yesteshmi zaheenteresohvahnee...
- history	- historią	- heestorion
- architecture	- architekturą	- arhitektooron
- shopping	- zakupami	- zakoopamee
- hiking	- pieszymi wycieczkami	- pyeshimee vichechkamee
- a scenic walk	- spacerem	- spatsehrehm
- a boat cruise	- rejsem statkiem	- reysem statkyehm
- a guided tour	- wycieczkami z przewodnikiem	- vichechkamee z pshevodneekyehm
Are there any excursions?	Czy są organizowane wycieczki?	chi son organeezovaneh vichechkee?
How long does it take?	Jak długo to trwa?	yak dwoogoh toh trfah?
What does it cost?	Ile to kosztuje?	eeleh toh koshtooyeh?
What days is it open/closed?	W jakich dniach jest otwarte/zamknięte?	v yakih dnyah yest otfarteh/zamknyenteh?
What time does it open/close?	O której otwierają/zamykają?	o ktoorey otfiehrahyon/zamikahyon?
What's the admission price?	Ile kosztuje wejście?	eeleh koshtooyeh veyshcheh?
Are there any tours in English?	Czy są wycieczki po angielsku?	chi son vichechkee po angyelskoo?

Emergencies

When calling emergency numbers be patient and stay calm, if possible: chances are you will be put on hold first, and then you will have to deal with someone who doesn't speak English. Don't hesitate to turn to a stranger for help as Poles are good in crisis situations and eager to lend a hand.

Use common sense about what you leave in your coat or on your table in restaurants and pubs, and on the backseat of your car. The streets of large cities after dark are safe as you're likely to be accompanied by a sizeable evening crowd well into the night.

Emergencies

Medical

Where is...	Gdzie jest…	gjeh yest...
- the hospital?	- szpital?	- _shpeetahl_?
- the health centre?	- przychodnia lekarska?	- pshi_hod_nyah leh_kars_kah?

I need...	Potrzebuję…	potshe_booyeh_...
- a doctor	- lekarza	- leh_kazh_ah
- a female doctor	- lekarza kobietę	- leh_kazh_ah ko_byeteh_
- an ambulance	- karetkę	- ka_ret_keh

| It's very urgent | To jest bardzo pilne | toh yest _bardzoh peel_neh |

| I'm injured | Jestem ranny | _yes_tem _ran_-ni |
| Can I see a doctor? | Czy mogę umówić się na wizytę do lekarza? | chi _mogeh_ oo_moo_veech sheh nah vee_zi_teh doh leh_kazh_ah? |

| I don't feel well | Źle się czuję | zhleh sheh _chooyeh_ |
| I have a cold | Jestem przeziębiony/a | _yes_tem pshehzhem-_byoni_/ah |

I have diarrhoea	Mam biegunkę	mam byeh_goon_keh
I have a rash	Mam wysypkę	mam vi_sip_keh
I have a temperature	Mam gorączkę	mam go_ronch_keh

I have a lump here	Mam tu guza	mam too _goo_zah
It hurts here	Tu mnie boli	too mnyeh _boh_lee
It hurts a lot/a little	Bardzo/trochę mnie boli	_bardzoh_/_tro_heh mnyeh _boh_lee

| How much do I owe you? | Ile płacę? | _ee_leh _pwat_seh? |
| I have insurance | Jestem ubezpieczony/ubezpieczona | _yes_tem oobespyeh_choni_/ah |

Dentist

I need a dentist	Potrzebuję dentysty	potshe_booyeh_ den_tis_ti
I have toothache	Boli mnie ząb	_boh_lee mnyeh zomp
My gums are swollen	Mam spuchnięte dziąsła	mam spooh_nyen_teh _jon_swa
This filling has fallen out	Wypadła mi ta plomba	vi_pad_wah mee tah _plom_bah

I have an abscess	**Mam ropień**	*mam ropyehn*
I have broken a tooth	**Złamał mi się ząb**	*zwamaw mee sheh zomp*
Are you going to take it out?	**Czy Pan/Pani go usunie?**	*chi pan/panee goh oosoonyeh?*
Can you fix it temporarily?	**Czy może pan/pani założyć tymczasowy opatrunek?**	*chi mozheh pan/panee zawohzhich timchasovi opatroonek*

Crime

I want to report a theft	**Chcę zgłosić kradzież**	*htseh zgwosheech krajesh*
Someone has stolen my...	**Ktoś ukradł...**	*ktosh ookrad...*
- bag	**- moją torbę**	*- moyon torbeh*
- car	**- mój samochód**	*- mooy samohoot*
- credit cards	**- moją kartę kredytową**	*- moyon karteh kreditovon*
- money	**- moje pieniądze**	*- moyeh pyenyondzeh*
- passport	**- mój paszport**	*- mooy pashport*
I've been attacked	**Ktoś mnie napadł**	*ktosh mnyeh napad*

Emergency numbers
Dial 112 from any phone or mobile. Traffic accidents should be reported to the police in order to avoid insurance problems. The **straż miejska** (city guards) can also assist.

Lost property

I've lost my...	**Zgubiłem/Zgubiłam...**	*zgoobeewam...*
- car keys	**- kluczyki do samochodu**	*- kloochikee doh samohodoo*
- driving licence	**- prawo jazdy**	*- pravoh yazdi*
- handbag	**- bagaż podręczny**	*- bagazh podrenchni*
- flight tickets	**- bilet lotniczy**	*- beelet lotneechi*
It happened...	**To stało się...**	*toh stawo sheh...*
- this morning	**- dziś rano**	*- jeesh ranoh*

Emergencies

Emergencies

- today	- **dzisiaj**	- _jee_shay
- in the hotel	- **w hotelu**	- v ho_te_loo
I left it in the taxi	**Zostawiłem/ zostawiłam to w taksówce**	zosta_vee_wem/ wam toh v ta_xoof_tseh

Breakdown

I've had...	**Miałem/Miałam**	my_a_wehm/ahm
- an accident	- **wypadek**	- vi_pa_dek
- a breakdown	- **awarię**	- a_var_yeh
- a puncture	**złapałem/am gumę**	zwa_pa_wem/am _goo_meh
My battery is flat	**Mam rozładowany akumulator**	mam rozwado_va_ni akoomoo_la_tor
I don't have a spare tyre	**Nie mam koła zapasowego**	nyeh mam _ko_wah zapaso_veh_goh
I've run out of petrol	**Zbarakło mi paliwa**	za_brak_woh mee pa_lee_vah
My car won't start	**Mój samochód nie chce zapalić**	mooy sa_mo_hoot nyeh chtseh za_pa_leech
Can you repair it?	**Czy można to naprawić?**	chi _mozh_nah toh na_pra_veech
How long will it take?	**Jak długo to potrwa?**	yak _dwoo_goh toh _potr_fah
I have breakdown cover	**Mam ubezpieczenie**	mam oobespye_cheh_nyeh

Problems with the authorities

I'm sorry, I didn't realise...	**Przepraszam, nie zauważyłem/ zauważyłam...**	psheh_pra_sham, nyeh zaoova_zhi_wem/ wam...
- I was driving so fast	- **że jechałem/łam tak szybko**	- zheh ye_ha_wem/ wam tak _ship_koh
- I went over the red lights	- **że przejechałem/ łam na czerwonym**	- zheh pshe_yeha_wem/wam nah cher_vo_nim
- it was against the law	- **że to było niezgodne z prawem**	- zheh toh _bi_wo nyeh_zgod_neh z _prah_vem
Here are my documents	**Tu są moje dokumenty**	too son _mo_yeh doko_omen_ti
I'm innocent	**Jestem niewinny/a**	_yes_tehm nyeh_veen_ni/ah

Dictionary

The following English-Polish dictionary will be handy in asking questions in various situations; its companion Polish-English version will help you to understand the reply. In general, any attempt at speaking their language – however halting and accompanied by however risible a mime – will cause Poles to clasp you to their metaphorical breast and guarantee you superstar status.

In Polish there are no articles, but nouns are masculine, feminine or neutral and so adjectives must have the appropriate endings. Verbs are conjugated according to gender, number and case. For further information on grammar please see page 7.

English-Polish dictionary

A

A&E	pogotowie ratunkowe	pohgohtohvyeh rah*toon*kohveh
about (concerning)	o	oh
accident	wypadek	vi*pah*dek
accommodation	zakwaterowanie	zakfatehro*va*nyeh

> **aeroplane** **samolot** sa*moh*lot
> A number of Polish words begin with the prefix **samo-**, which means "self". Essentially **samolot** is self-flight.

again	znowu	*znoh*voo
ago	temu	*teh*moo
AIDS	AIDS	eyds
airmail	poczta lotnicza	*poch*tah lot*nee*chah
airport	lotnisko	lot*nees*koh
alarm	alarm	*a*larm
all (things/people)	wszystko/wszyscy	*fshist*koh/*fshist*si
all right	wszystko dobrze	*fshist*koh *dobz*heh
allergy	alergia/uczulenie	a*lehr*gyah/ oochoo*leh*nyeh
ambulance	karetka pogotowia	kah*reht*kah pogo*tov*yah
America	Ameryka	a*meh*rikah
American	Amerykanin/ Amerykanka	amehri*ka*neen/ amehri*kan*kah
and	i	ee
anniversary	rocznica	roch*neet*sah
another	inny	*een*-ni
to answer	odpowiadać	odpoh*vya*dach
any	jakiś/któryś/każdy	*ya*keesh/*ktoo*rish/ *kazh*di
apartment	mieszkanie	myesh*ka*nyeh
appointment	spotkanie	spot*kah*nyeh
April	kwiecień	*kfyeh*chen
area	teren	*teh*ren
area code	kod pocztowy	kod poch*tovi*
around	wokół/koło	*vokoow*/*okowo*
to arrange	ustalać	oo*stah*lach
arrival	przyjazd	*pshiyazd*
art	sztuka	*shtoo*kah
to ask	pytać	*pi*tach
aspirin	aspiryna	aspee*ri*nah
at (time)	o	oh
August	sierpień	*sherpyen*
Australia	Australia	aw*strah*liah
Australian	Australijczyk/ Australijka	awstrah*leey*chik/ awstra*leey*kah

64

available	dostępny/a/e	dostempni/ah/eh
away	z dala	z dahlah

B

baby	niemowle	nyehmovleh
back (body)	plecy	plehtsi
back (place)	tył	tiw
bad	źle	zhleh
baggage	bagaż	bagazh
bar (pub)	pub	pab
bath	kąpiel	kompyehl
to be	być	bich
beach	plaża	plazhah
because	bo	boh
because of	ze względu na	zeh vzglendoo nah
best	najlepsze	nahylepsheh
better	lepiej	lehpyehy
between	między	myehndzi
bicycle	rower	rover
big	duży/a/e	doozhi/ah/eh
bill	rachunek	rahoonek
bit (a)	trochę	troheh
boarding card	karta pokładowa	kartah pokwadohvah
book	książka	kshonshkah
to book	rezerwować	rehzehrvohvach
booking	rezerwacja	rehzehrvahtsyah
box office	kasa biletowa	kasah beeletovah

| boy | chłopiec | hwopyehts |

Chłopiec can be used to designate a boy until he is in his late teens. After that it's **młodzieniec**.

brother	brat	brat
bureau de change	kantor wymiany	kantor vimyani
to burn	palić	pahleech
bus	autobus	awtoboos
business	interes	eentehres
but	ale	aleh
to buy	kupować	koopovach
by (air, car, etc)	case ending: samolotem, samochodem, etc	samolotehm, samohodehm
by (beside)	przy/obok	pshi/obok
by (via)	przez	pshehz

C

café	kawa	kavah
to call	dzwonić/wołać	dzvohneech/vowach
camera	aparat	aparat
can (to be able)	móc	moots
to cancel	odwołać	odvowach
car	samochód	samohoot

Dictionary C

carnival	**karnawał**	*karnahvahw*

Karnawał is the time to party with a frenzy before the austerity of Lent kicks in.

English	Polish	Pronunciation
cash	**gotówka**	*gotoofkah*
cash point	**bankomat**	*bankohmat*
casino	**kasyno**	*kasinoh*
castle	**zamek**	*zamehk*
cathedral	**katedra**	*katehdrah*
CD	**płyta CD**	*pwitah seedee*
centre	**centrum**	*tsentroom*
to change	**zmienić/wymienić**	*zmyenich/vimyenich*
charge	**opłata**	*opwahtah*
to charge	**pobierać opłatę**	*pobyerach opwahteh*
cheap	**tani/a/e**	*tanee/yah/yeh*
to check in (hotel, airport)	**zameldować się**	*zameldovach sheh*
cheque	**czek**	*chek*
child	**dziecko**	*jetskoh*
to choose	**wybierać**	*vibyerach*
cigar	**cygaro**	*tsigahroh*
cigarette	**papieros**	*papyehros*
cinema	**kino**	*keenoh*
city	**miasto**	*myastoh*
to close	**zamykać**	*zamikach*
close by	**blisko**	*bleeskoh*
closed	**zamknięty/a/e**	*zamknyenti/ah/eh*
clothes	**ubrania**	*oobrahnyah*
club	**klub**	*kloob*
coast	**wybrzeże**	*vibzhehzheh*
coffee house	**kawiarnia**	*kavyarnyah*
cold	**zimno**	*zheemnoh*
colour	**kolor**	*kohlor*
to complain	**narzekać**	*nazhehkach*
complaint	**skarga/zażalenie**	*skargah/zazhalehnyeh*
to confirm	**potwierdzić**	*potfyehrjeech*
confirmation	**potwierdzenie**	*potfyehrdzehnyeh*
consulate	**konsulat**	*konsoolaht*
to contact	**kontaktować się**	*kontaktohvach sheh*
contagious	**zaraźliwy**	*zarazhleevi*
cool	**chłodny**	*hwodni*
cost	**koszt**	*kosht*
to cost	**kosztować**	*koshtohvach*
cot	**łóżeczko dziecięce**	*woozhechkoh jehchentseh*
country	**kraj**	*krahy*
countryside	**wieś**	*vyehsh*
cream	**śmietana/krem**	*shmyetahnah/krehm*
credit card	**karta kredytowa**	*kartah kreditohvah*
crime	**przestępstwo**	*pshestempstfoh*
currency	**waluta**	*valootah*
customer	**klient**	*klee-ent*

customs	**odprawa celna**	*od__prah__vah ts__eh__lnah*
cut	**skaleczenie**	*skaleh__chen__yeh*
to cut	**ciąć**	*chonch*
cycling	**kolarstwo**	*ko__lars__tfo*

D

damage	**uszkodzenie**	*ooshko__dzeh__nyeh*
danger	**niebezpieczeństwo**	*nyehbespye__chenst__foh*
daughter	**córka**	*ts__oor__kah*
day	**dzień**	*jen*
December	**grudzień**	*__groo__jen*
to dehydrate	**odwodnić się**	*od__voh__dnich sheh*
delay	**opóźnienie**	*opoozh__nyeh__nyeh*
to dial	**wybierać numer**	*vib__yeh__rach __noo__mer*
difficult	**trudne**	*__trood__neh*
directions	**wskazówki**	*fska__zoof__kee*
dirty	**brudny/a/e**	*__broo__dni/ah/eh*
disabled	**niepełnosprawny**	*nyehpewnoh__spra__vni*
discount	**zniżka**	*z__neezh__kah*
district	**okręg**	*__o__kreng*
to disturb	**przeszkadzać**	*psheshk__a__dzach*
doctor	**lekarz**	*__leh__kazh*
double	**podwójny/a/e**	*pod__vooy__ni/ah/eh*
down	**na dół**	*nah doow*
to drive	**jechać/prowadzić**	*__ye__hach/pro__va__jeech*

driver	**kierowca**	*kye__rof__tsa*

If you are a man and get pulled over in Poland, the police officer will often address you as **Pan Kierowca** which literally means "Mr Driver".

driving licence	**prawo jazdy**	*__pra__voh __yaz__di*
drug	**narkotyk**	*nar__koh__tik*
to dry clean	**czyścić chemicznie**	*__chish__cheech he__meech__nyeh*
dry-cleaner's	**pralnia chemiczna**	*__pral__nyah he__meech__nah*
during	**podczas**	*__pod__chas*
duty (tax)	**akcyza**	*ak__tsi__zah*

E

early	**wcześnie**	*__wchesh__nyeh*
e-mail	**e-mail**	*__ee__meyl*
embassy	**ambasada**	*ambah__sah__dah*
emergency	**pogotowie**	*pogo__toh__vieh*
England	**Anglia**	*__an__glyah*
English	**Anglik/Angielka**	*__an__gleek/an__gyehl__kah*
enough	**dosyć**	*__doh__sich*
entrance	**wejście**	*__veysh__cheh*
error	**błąd**	*bwont*
exactly	**dokładnie**	*dohk__wad__nyeh*
exchange rate	**kurs wymiany walut**	*koors vi__mya__ni __va__loot*

Dictionary E-G

English-Polish

exhibition	**wystawa**	*vistahavah*
exit	**wyjście**	*viyshcheh*

> **express ekspres *ekspres***
> Where speed is concerned, the trains which are termed **ekspres** pose absolutely no threat to the sound barrier.

express (delivery)	**przesyłka ekspresowa**	*pshehsiwkah expresohvah*

F

facilities	**toaleta**	*tohahlehtah*
far	**daleko**	*dahlehkoh*
father	**ojciec**	*oychets*
favourite	**ulubiony/a/e**	*ooloobyohni/ah/eh*
February	**luty**	*looti*
festivals	**festiwale**	*festeevahleh*
filling (station)	**stacja benzynowa**	*statsyah benzinohvah*
film (camera)	**film do aparatu**	*feelm doh aparahtoo*
film (cinema)	**film**	*film*
fire	**ogień**	*ogyen*
fire exit	**wyjście ewakuacyjne**	*viyshcheh ehvakooahtsiyneh*
first aid	**pierwsza pomoc**	*pyerfshah pohmohts*
fitting room	**przymierzalnia**	*pshimyezhahlnyah*
flight	**lot**	*lot*
flu	**grypa**	*gripah*
food poisoning	**zatrucie pokarmowe**	*zatroocheh pokarmohveh*
football	**piłka nożna**	*peewkah nozhnah*
for	**na/dla**	*nah/dlah*
form (document)	**formularz**	*formoolazh*
free	**wolny/a/e**	*wolni/ah/eh*

> **free (money) bezpłatny/a/e *bespwatni/ah/eh***
> Many museums and galleries open free of charge on Mondays. Keep your eyes out for signs saying "**wstęp bezpłatny**".

friend	**przyjaciel/ przyjaciółka**	*pshiyahchel/ pshiyachoowka*
from	**z/od**	*z/od*

G

gallery	**galeria**	*gahlehriah*
garage	**garaż**	*garazh*
gas	**gaz**	*gas*
gents	**męska toaleta**	*menskah tohahlehtah*
girl	**dziewczyna**	*jefchinah*
glasses	**okulary**	*okoolari*
golf	**golf**	*golf*
golf course	**pole golfowe**	*pohleh golfohveh*

English	Polish	Pronunciation
good	**dobrze**	_dob_zheh
group	**grupa**	_groop_ah
guarantee	**gwarancja**	gva_rant_syah
guide	**przewodnik**	psheh_vohd_nik

H

hair	**włosy**	_vwosi_
hairdresser's	**fryzjer**	_frizyehr_
half	**połowa**	po_woh_vah
heat	**gorąco**	go_ront_soh
help!	**pomocy!**	po_mot_si!
here	**tu**	too
high	**wysoki/a/ie**	vi_soh_kee/ah/yeh
holiday (work-free day)	**dzień wolny**	_jen volni_
holidays	**święta**	sh_fyen_tah
homosexual	**homoseksualista**	homosexooa_lees_tah
hospital	**szpital**	_shpee_tahl
hot	**gorący/a/e**	go_ront_si/ah/eh
how?	**jak?**	yak?
how big?	**jak duży/a/e?**	yak _doozhi_/ah/eh?
how far?	**jak daleko?**	yak dah_leh_koh?
how long?	**jak długo?**	yak _dwoogoh_?
how much?	**ile?**	_eeleh_?
hurry up!	**szybciej!**	_ship_chey!
husband	**mąż**	monsh

I

identity card	**dowód tożsamości**	_doh_vood tozhsah_mosh_chee

In the Communist days, adults had to have a **dowód osobisty** with them at all times, to prove they weren't a non-person.

ill	**chory/a/e**	_hori_/ah/eh
immediately	**natychmiast**	na_tih_myast
important	**ważny/a/e**	_vazh_ni/ah/eh
in	**w**	v
information	**informacja**	infor_mat_syah
inside	**wewnątrz**	_vev_nontsh
insurance	**ubezpieczenie**	oobespyeh_cheh_nyeh
interesting	**interesujący/a/e**	intereh_sooyont_si/ah/eh
international	**międzynarodowy/a/e**	myendzinaro_doh_vi/ah/eh
Ireland	**Irlandia**	eer_lan_dyah
Irish	**Irlandczyk/Irlandka**	eer_lant_chyk/eer_lant_kah
island	**wyspa**	_vis_pah
itinerary	**harmonogram**	harmo_no_gram

J

January	**styczeń**	_stichen_
jet ski	**skuter wodny**	_skooter vodni_

journey	**podróż**	*pohdroozh*

> **July** — **lipiec** — *leepyehts*
> A very Polish tree, the linden is in full bloom in July, hence the name **lipiec** from **lipa**, meaning linden.

junction	**skrzyżowanie**	*skshyzhoh<u>va</u>nyeh*
June	**czerwiec**	*<u>chehr</u>viets*
just (only)	**tylko**	*<u>til</u>koh*

K
key	**klucz**	*klooch*
key ring	**breloczek**	*breh<u>loch</u>ek*
keyboard	**klawiatura**	*klavia<u>too</u>rah*
kid	**dzieciak**	*<u>jeh</u>chak*
kind (person)	**miły/a/e**	*<u>meew</u>i/ah/eh*
kind (sort)	**rodzaj**	*<u>roh</u>dzahy*

> **kiosk** — **kiosk** — *kyosk*
> Kiosks provide the nation with its morning paper, packet of cigarettes and tram ticket. What else could one need?

kiss	**pocałunek**	*potsa<u>woo</u>nek*

L
label	**etykieta**	*ehti<u>kyeh</u>tah*
ladies (toilets)	**damska toaleta**	*<u>dam</u>skah tohah<u>leh</u>tah*
lady	**kobieta**	*koh<u>byeh</u>tah*
lake	**jezioro**	*yeh<u>zhoh</u>roh*
language	**język**	*<u>yen</u>zik*
last	**ostatni/ia/ie**	*os<u>tat</u>nee/yah/yeh*
late (delayed)	**opóźniony/a/e**	*opoozhn<u>yoh</u>ni/ah/eh*
late (time)	**późno**	*<u>poozh</u>noh*
launderette	**pralnia samoobsługowa**	*<u>pral</u>nyah samoh-obswoo<u>goh</u>vah*
lawyer	**prawnik**	*<u>prah</u>vneek*
less	**mniej**	*mnyehy*
library	**biblioteka**	*beeblyoh<u>teh</u>kah*
life jacket	**kamizelka ratunkowa**	*kamee<u>zehl</u>kah ratoon<u>koh</u>vah*
lifeguard	**ratownik**	*rah<u>toh</u>vnik*
lift	**winda**	*<u>veen</u>dah*
like	**lubić**	*<u>loo</u>beech*
little	**mało**	*<u>ma</u>woh*
local	**lokalny/a/e**	*lo<u>kal</u>ni/ah/eh*
to lose	**zgubić**	*<u>zgoo</u>beech*
lost property	**zgubiona własność**	*zgoob<u>yo</u>nah v<u>was</u>noshch*
luggage	**bagaż**	*<u>ba</u>gazh*

M

madam	pani	_panee_
mail	list	_leest_
main	główny/a/e	_gwoovni/ah/eh_
man	mężczyzna	_menshchiznah_
manager	kierownik	_kyerovnik_
many	wiele	_vyehleh_
map (city)	plan miasta	_plan myastah_
map (road)	mapa	_mahpah_
March	marzec	_mahzhehts_
market	rynek	_rinek_
married	żonaty/mężatka	_zhonahti/menzhatkah_
May	maj	_mahy_
maybe	może	_mozheh_
mechanic	mechanik	_mehaneek_
meeting	spotkanie	_spotkahnyeh_
message	wiadomość	_vyadohmoshch_
midday	południe	_powoodnyeh_
midnight	północ	_poownots_
minimum	minimum	_meeneemoom_
minute	minuta	_meenootah_
missing	zaginiony/a/e	_zageenyoni/ah/eh_
mobile phone	telefon komórkowy	_telefon komoorkohvi_
moment	moment	_moment_
money	pieniądze	_pyehnyondzeh_
more	więcej	_vyentsehy_
mosquito	komar	_kohmahr_
most	najwięcej	_nahyvientsey_
mother	matka	_matkah_
much	bardzo	_bardzoh_
museum	muzeum	_moozehoom_
musical	muzyczny	_moozichni_
must	musieć	_mooshehch_

| my | mój/moja/moje | _mooy/moyah/eh_ |

People sometimes refer to their significant others as just *mój* or *moja*, as opposed to **mój mąż** or **moja dziewczyna**.

N

name	imię	_eemyeh_
nationality	narodowość	_narodohvoshch_
near	blisko/przy	_bleeskoh/pshi_
necessary	konieczny/a/e	_konyechni/ah/eh_
never	nigdy	_neegdi_
new	nowy/a/e	_novi/ah/eh_
news	wiadomości	_viadomoshchi_
newspaper	gazeta	_gahzehtah_
next	następny/a/e	_nastempni/ah/eh_
next to	obok	_obok_
nice	miło	_meewoh_
nice (people)	mili	_meelee_

night	**noc**	*nots*
nightclub	**klub nocny**	*kloob <u>nots</u>ni*
north	**północ**	*<u>poow</u>nots*
note (money)	**banknot**	*<u>bank</u>not*
nothing	**nic**	*neets*
November	**listopad**	*lees<u>toh</u>pad*
now	**teraz**	*<u>teh</u>rahz*
nowhere	**nigdzie**	*<u>nee</u>gjeh*

> **nudist beach**   **plaża nudystów**   *<u>pla</u>zhah noo<u>dis</u>toof*
> Chałupy nudist beach inspired pop singer Zbigniew Wodecki to record the deftly-named hit "*Chałupy Welcome To*".

number (figure)	**liczba**	*<u>leech</u>bah*
number (of items)	**ilość**	*<u>ee</u>loshch*

O

object	**przedmiot**	*<u>pshed</u>myot*
October	**październik**	*pahzh<u>jehr</u>nik*
off (switched)	**wyłączony/a/e**	*viwon<u>cho</u>ni/ah/eh*
office	**biuro**	*<u>byoo</u>roh*
ok	**ok/dobrze**	*<u>okej</u>/<u>dob</u>zheh*
on	**na or włączony/a/e**	*nah or vwon<u>cho</u>ni/ah/eh*
once	**raz**	*ras*
only	**tylko**	*<u>til</u>koh*
open	**otwarty/a/e**	*ot<u>far</u>ti/ah/eh*
to open	**otwierać**	*ot<u>fyeh</u>rach*
operator	**operator**	*opeh<u>rah</u>tor*
opposite (place)	**na przeciwko**	*nah psheh<u>cheef</u>koh*
optician's	**optyk**	*<u>op</u>tic*
or	**albo/lub**	*<u>al</u>boh/<u>loo</u>p*
other	**inny/a/e**	*<u>een</u>-ni/ah/e*
out of order	**zepsuty/a/e**	*zehp<u>soo</u>ti/ah/eh*
outdoor	**zewnętrzny**	*zev<u>nent</u>shni*
outside	**na zewnątrz**	*nah <u>zev</u>nonch*
overnight	**nocny/a/e**	*<u>nots</u>ni/ah/eh*
owner	**właściciel**	*vwash<u>chee</u>chehl*
oxygen	**tlen**	*tlehn*

P

> **painkiller**   **tabletka przeciwbólowa**   *tab<u>let</u>kah psheceef<u>boo</u>lohwah*
> Poles have great faith in painkillers and will offer you one for even the slightest ailment.

pair	**para**	*<u>pah</u>rah*
parents	**rodzice**	*ro<u>jeet</u>seh*
park	**park**	*park*
parking	**parking**	*<u>par</u>king*

Dictionary P-R

party	**impreza**	*eemprehzah*
passport	**paszport**	*pashport*
people	**ludzie**	*loojeh*
perhaps	**może**	*mozheh*
person	**osoba**	*osohbah*
petrol	**benzyna**	*benzinah*
photo	**fotografia**	*fotografyah*
phrase book	**słownik frazeologiczny**	*swovnik frazehologeechni*
place	**miejsce**	*myeystseh*
platform	**peron**	*pehrohn*
police	**policja**	*pohleetsyah*
port (sea)	**port**	*port*
possible	**możliwe**	*mozhleeveh*
post	**wysłać**	*viswach*
post office	**poczta**	*pochtah*
prescription	**recepta**	*retsehptah*
price	**cena**	*tsehnah*
private	**prywatny/a/e**	*privahtni/ah/eh*
probably	**prawdopodobnie**	*pravdohpodobnyeh*
problem	**problem**	*problem*
pub	**pub**	*pap*
public transport	**komunikacja miejska**	*komooneekatsyah myeyskah*

Q

quality	**jakość**	*yakoshch*
quantity	**ilość**	*eeloshch*
query	**zapytanie**	*zahpitahnyeh*
question	**pytanie**	*pitahnyeh*
queue	**kolejka**	*kohleykah*
quick	**szybki/a/ie**	*shipkee/ah/yeh*
quickly	**szybko**	*shipkoh*

quiet   **cisza**   *cheeshah*
Polish churches are serious places of worship, and loud chatter or laughter will be cut off by a hissed **"cisza!"**.

quite	**kończyć**	*konchich*
quiz	**konkurs**	*konkoors*

R

radio	**radio**	*rahdioh*
railway	**kolej**	*kohlehy*
rain	**deszcz**	*deshch*
rape	**gwałt**	*gvawt*
ready	**gotowy/a/e**	*gohtohhvi/ah/eh*
real	**prawdziwy/a/e**	*pravjeevi/ah/eh*

receipt   **rachunek**   *rah-hoonek*
Sometimes you'll be asked whether you want a **rachunek** or not. This is an illegal tax dodge.

English-Polish

English	Polish	Pronunciation
reception	**recepcja**	reh*tsepts*yah
receptionist	**recepcjonista/ka**	rehtseptsyo*nees*tah/kah
reduction	**obniżka cen**	ob*neezh*kah tsen
refund	**zwrot kosztów**	zvrot *kosht*oof
to relax	**odpoczywać**	odpoh*chi*vach
rent	**czynsz**	chinsh
to rent	**wynająć**	vi*nah*yonch
reservation	**rezerwacja**	rezehr*vahts*yah
retired	**na emeryturze**	nah emehri*too*zheh
rich	**bogaty/a/e**	boh*gah*ti/aheh
road	**droga**	*drohg*ah
room	**pokój**	*pokoo*y
route	**droga**	*drohg*ah
rude	**niegrzeczny/a/e**	nyeh*gzhech*ni/ah/eh
ruins	**ruiny**	roo*ee*ni
to run	**biec**	byehts

S

safe	**bezpieczny/a/e**	bes*pyech*ni/ah/eh
sauna	**sauna**	*sawn*ah
Scotland	**Szkocja**	*shkots*yah
Scottish	**Szkot/Szkotka**	shkot/*shkot*kah
sea	**morze**	*mozh*eh
seat	**siedzenie**	shed*zeh*nyeh
seat belt	**pasy bezpieczeństwa**	*pa*si bespyech*ens*tfa
sedative	**środek uspokajający**	*shrod*ek oospokahyah*yont*si
see you later!	**do zobaczenia!**	doh zohb*ach*enyah!
self-service	**samoobsługa**	samo-op*swoog*ah
September	**wrzesień**	*vzheh*shen
service	**usługa**	oo*swoog*ah
shop	**sklep**	sklep
shopping	**zakupy**	zah*koo*pi
shopping centre	**centrum handlowe**	*tsen*troom hand*loh*veh
short	**krótki/a/ie**	*kroot*kee/ah/yeh
to show	**pokazywać**	poka*zi*vach
shut	**zamknięty/a/e**	zam*knyen*ti/ah/eh
sign	**napis**	*nap*ees
signature	**podpis**	*pod*pees
since	**od**	od
sir	**pan**	pan
sister	**siostra**	*shost*rah
ski	**narty**	*nar*ti
sleeping pill	**tabletka nasenna**	tab*leht*kah na*sen*-nah
slow	**wolno**	*vol*noh
small	**mały/a/e**	*maw*i/ah/eh
soft	**miękki/a/e**	*myen*kee/ah/yeh
some	**trochę**	*troh*eh
something	**coś**	tsosh
son	**syn**	sin
soon	**niedługo**	nyeh*dwoog*oh
south	**południe**	po*wood*nyeh

South Africa	**Afryka południowa**	_afrikah powoodnyovah_
South African	**południowo-afrykański**	_powoodnyovoh-afrikanskee_
speed	**prędkość**	_prentkoshch_
sport	**sport**	_sport_

stadium	**stadion**	_stahdyon_

Warsaw's iconic Stadion Dziesięciolecia was an open-air market of illegal trade. Recently bulldozed, it's made way for a national stadium.

staff	**personel**	_pehrsohnel_
stamp	**znaczek**	_znachehk_
station	**stacja**	_stahtsyah_
sterling pound	**funt szterling**	_foont shterling_
straight	**prosto**	_prostoh_
street	**ulica**	_oolitsah_
stress	**stres**	_stres_
suitcase	**torba**	_torbah_
sun	**słońce**	_swontseh_
sunglasses	**okulary słoneczne**	_okoolahri swonechneh_
surname	**nazwisko**	_nazveeskoh_
swimming pool	**basen**	_bahsehn_
switched on	**włączony/a/e**	_vwonchoni/ah/eh_
symptom	**objaw**	_obyahv_

T

table	**stół**	_stoow_
to take	**brać/wziąć**	_brach/wzhonch_
tampons	**tampony**	_tampon_
tax	**podatek**	_podahtek_
tax free	**wolne od podatku**	_volneh od podahtkoo_
taxi	**taxi/taksówka**	_taxi/taksoofkah_
telephone	**telefon**	_telefon_
telephone box	**budka telefoniczna**	_bootkah telefoneechnah_
television	**telewizja**	_televeezyah_
tennis	**tenis**	_tehnees_
tennis court	**korty tenisowe**	_korti tehneesohveh_
to text	**pisać sms**	_peesach esemes_
that	**ten/to**	_tehn/toh_
theft	**kradzież**	_krajezh_
then	**wtedy**	_ftehdi_
there	**tam**	_tam_
thing	**rzecz**	_zhech_
to think	**myśleć**	_mishlehch_
thirsty	**spragniony/a/e**	_spragnyoni/ah/eh_
this	**to**	_toh_
through	**przez**	_pshehz_
ticket (bus/train)	**bilet**	_beelet_
ticket (cinema)	**bilet**	_beelet_

English	Polish	Pronunciation
ticket (parking)	**opłata parkingowa**	*opwatah parkingohvah*
ticket office	**kasa**	*kasah*
time (clock)	**godzina**	*gojeenah*
timetable	**grafik**	*grafeek*

tip (money)　napiwek　*nahpeevek*
The word **napiwek** is constructed similarly to the French *pourboire*, which means "for drink".

tired	**zmęczony/a/e**	*zmenchoni/ah/eh*
to	**do**	*doh*
to (the left/right)	**na (lewo/prawo)**	*nah (lehvoh/prahvoh)*
today	**dziś**	*jeesh*
toilet	**toaleta**	*tohahlehtah*
toiletries	**środki higieny osobistej**	*shrotkee heegyehni osobeestey*
toll	**opłata za przejazd**	*opwatah zah psheyazd*
tomorrow	**jutro**	*yootroh*
tonight	**dziś wieczorem/ w nocy**	*jeesh wyehchorehm/ v notsi*
too	**też**	*tesh*
tourist office	**biuro informacji turystycznej**	*byooroh eenformat-syee tooristichney*
town	**miasto**	*myastoh*
town hall	**ratusz**	*ratoosh*
train	**pociąg**	*pochong*
tram	**tramwaj**	*tramvahy*
to translate	**przetłumaczyć**	*pshetwoomahchich*
to travel	**podróżować**	*podroozhohwach*
travel agency	**biuro podróży**	*byooroh podroozhi*
true (right)	**prawda**	*pravdah*
typical	**typowy**	*tipovi*

U

ulcer	**wrzód**	*vzhood*
umbrella	**parasol**	*parahsohl*
uncomfortable	**niewygodny/a/e**	*nyehvigodni/ah/eh*
unconcious	**nieprzytomny/a/e**	*nyehpshitomni*
under	**pod**	*pod*
underground (tube)	**metro**	*mehtroh*
to understand	**rozumieć**	*rozoomyech*
underwear	**bielizna**	*byeleeznah*
unemployed	**bezrobotny**	*behzrohbotni*
unpleasant	**nieprzyjemny/a/e**	*nyehpshiyemni/ah/eh*
up	**w górę**	*v gooreh*
upstairs	**na górze**	*nah goozheh*
urgent	**pilny/a/e**	*peelni/ah/eh*
to use	**używać**	*oozhivach*
useful	**użyteczny/a/e**	*oozhitechni/ah/eh*
usually	**zazwyczaj**	*zazvichahy*

V

vacant	**wolny/a/e**	*volni/ah/eh*
vacation	**wakacje**	*vakatsyeh*
vaccination	**szczepienie**	*shchehpyehnyeh*
valid	**ważny/a/e**	*vazhni/ah/eh*
valuables	**rzeczy wartościowe**	*zhehchi vartoshchoveh*
value	**wartość**	*vartoshch*
VAT	**VAT**	*vat*
vegetarian	**wegetarianin**	*vegetahryaneen*
vehicle	**pojazd**	*pohyazd*
very	**bardzo**	*bardzoh*
visa	**wiza**	*veezah*
visit	**wizyta**	*veezitah*
to visit	**odwiedzić**	*odvyehjeech*
vitamin	**witamina**	*vitameenah*
to vomit	**wymiotować**	*vimyotohvach*

W

waiter/waitress	**kelner/kelnerka**	*kelner/kah*
waiting room	**poczekalnia**	*pochekalnyah*
Wales	**Walia**	*valyah*
to walk	**spacerować**	*spatsehrohvach*
wallet	**portfel**	*portfel*
to want	**chcieć**	*hchech*
to wash	**prać/myć**	*prach/mich*
watch	**oglądać**	*oglondach*
water	**woda**	*vodah*
water sports	**sporty wodne**	*sporti vodneh*
way (manner)	**sposób**	*spohsoop*
way (route)	**droga**	*drohgah*
way in	**wejście**	*veyshcheh*
way out	**wyjście**	*viyshcheh*

weather	**pogoda**	*pohgohdah*

In Poland, aches, pains and violent mood swings can all be blamed on wind, rain and the barometer reading.

web	**strona**	*strohna*
website	**strona internetowa**	*strohna eenternetohva*
week	**tydzień**	*tijen*
weekday	**dzień tygodnia**	*jen tigodnyah*
weekend	**weekend**	*weekend*
welcome	**powitanie**	*poveetanyeh*
well	**dobrze**	*dobzheh*
Welsh	**Walijczyk/Walijka**	*valiychik/valiykah*
west	**zachód**	*zahood*
what?	**co?**	*tso?*
wheelchair	**wózek inwalidzki**	*voozek eenvaleetskee*
when?	**kiedy?**	*kyehdi?*
where?	**gdzie?**	*gjeh?*
which?	**który?**	*ktoori?*
while	**chwila**	*hfeelah*

who?	**kto?**	*ktoh?*
why?	**dlaczego?**	*dlachehgoh?*
wife	**żona**	*zhohnah*
wine	**wino**	*veenoh*
with	**z**	*z*
without	**bez**	*behs*
woman	**kobieta**	*kobyehtah*
wonderful	**cudownie**	*tsoodovnyeh*
word	**słowo**	*swovo*
work	**praca**	*pratsah*
to work (machine)	**operować**	*opehrohvach*
to work (person)	**pracować**	*pratsohvach*
world	**świat**	*shfyat*
worried	**zmartwiony/a/e**	*zmartfyohni/ah/eh*
to write	**pisać**	*peesach*
wrong (mistaken)	**źle**	*zhleh*

X

x-ray	**zdjęcie rentgenowskie**	*zdyencheh rentgenofskyeh*
to x-ray	**prześwietlać**	*pshehshfyehtlach*

Y

yacht	**jacht**	*yah-ht*

Sailing is a great Polish tradition. If you're on the Baltic coast in the summer, you'll see hundreds of yachts.

year	**rok**	*rok*
yearly	**roczny**	*rochni*
yellow pages	**książka telefoniczna**	*kshonshkah telefoneechnah*
yes	**tak**	*tahk*
yesterday	**wczoraj**	*wchohrahy*
yet	**jeszcze/jednak**	*yeshcheh/yehdnak*
you (formal)	**Pan/Pani/Państwo (male/female/plural)**	*pan/panee/pahystfo*
you (informal)	**ty/wy**	*ti/vi*
young	**młody/a/e**	*mwodi/ah/eh*
your (formal)	**Pana/Pani/Państwa**	*pana/panee/pahystfah*
your (informal)	**twoje/wasze**	*tfoyeh/vasheh*
youth hostel	**schronisko młodzieżowe**	*s-hroneesko mwojezhohveh*

Z

zebra crossing	**przejście dla pieszych**	*psheyshcheh dlah pyehshih*
zero	**zero**	*zehroh*
zone	**strefa**	*strehfah*
zoo	**zoo**	*zoh*

Polish-English dictionary

A

Afryka południowa	_afrikah powoodnyovah_	South Africa
AIDS	_eyds_	AIDS
akcyza	_aktsizah_	duty (tax)
alarm	_alarm_	alarm
albo/lub	_alboh/loop_	or
ale	_aleh_	but
alergia/uczulenie	_alehrgyah/ oochoolehnyeh_	allergy
ambasada	_ambahsahdah_	embassy

Ameryka _amehrikah_ **America**
To Poles, America traditionally represents opportunities; if someone calls something **Ameryka**, it means it's great.

Amerykanin/ Amerykanka	_amehrikaneen/ amehrikankah_	American
Anglia	_anglyah_	England
Anglik/Angielka	_angleek/angyehlkah_	English
aparat	_aparat_	camera
aspiryna	_aspeerinah_	aspirin
Australia	_awstrahliah_	Australia
Australijczyk/ Australijka	_awstrahleeychik/ awstraleeykah_	Australian
autobus	_awtoboos_	bus

B

bagaż	_bagazh_	baggage/luggage
banknot	_banknot_	note (money)
bankomat	_bankohmat_	cash point
bardzo	_bardzoh_	much/very
basen	_bahsehn_	swimming pool

---

benzyna _benzinah_ **petrol**
Most petrol stations are self-service. Stick to brand names as some sell wannabe fuel that could give you trouble.

---

bez	_behs_	without
bezpieczny/a/e	_bespyechni/ah/eh_	safe
bezpłatny/a/e	_bespwatni/ah/eh_	free (money)
bezrobotny	_behzrohbotni_	unemployed
biblioteka	_beeblyohtehkah_	library

biec	*byehts*	to run
bielizna	*bye<u>lee</u>znah*	underwear
bilet	*<u>bee</u>let*	ticket (bus/train/cinema)
biuro	*<u>byoo</u>roh*	office
biuro informacji turystycznej	*<u>byoo</u>roh eenfor<u>mats</u>yee toori<u>stich</u>ney*	tourist office
biuro podróży	*<u>byoo</u>roh pod<u>roo</u>zhi*	travel agency

> **biznes**   *<u>beez</u>ness*   **business**
> **Biznes** can have slightly dodgy connotations, so if you want to say you have your own business say, "**mam firmę**".

błąd	*bwont*	error

> **blisko**   *<u>blees</u>koh*   **close by**
> If someone says something is **blisko**, they mean it's within walking distance (but what's just around the corner in Poland may be a definite car ride elsewhere!).

bo	*boh*	because
bogaty/a/e	*boh<u>gah</u>ti/aheh*	rich
brać/wziąć	*brach/wzhonch*	to take
brat	*brat*	brother
breloczek	*breh<u>lo</u>chek*	key ring
brudny/a/e	*<u>brood</u>ni/ah/eh*	dirty
budka telefoniczna	*<u>boot</u>kah telefo<u>neech</u>nah*	telephone box
być	*bich*	to be

C

cena	*<u>tseh</u>nah*	price
centrum	*<u>tsen</u>troom*	centre
centrum handlowe	*<u>tsen</u>troom hand<u>loh</u>veh*	shopping centre
chcieć	*hchech*	to want
chłodny	*<u>hwod</u>ni*	cool
chłopiec	*<u>hwo</u>pyehts*	boy
chory/a/e	*<u>hori</u>/ah/eh*	ill
chwila	*<u>hfee</u>lah*	while
ciąć	*chonch*	to cut
cisza	*<u>chee</u>shah*	quiet
co?	*tso?*	what?
córka	*<u>tsoor</u>kah*	daughter
coś	*tsosh*	something
cudownie	*tsoo<u>dov</u>nyeh*	wonderful
cygaro	*tsi<u>gah</u>roh*	cigar

czek	*chek*	cheque

This is a form of payment which is very rarely used in Poland, if at all: always have cash and credit cards handy.

czerwiec	*chehrviets*	June
czynsz	*chinsh*	rent
czyścić chemicznie	*chishcheech hemeechnyeh*	to dry clean

D

daleko	*dahlehkoh*	far
damska toaleta	*damskah tohahlehtah*	ladies (toilets)
deszcz	*deshch*	rain
dlaczego?	*dlachehgoh?*	why?
do	*doh*	to
do zobaczenia!	*doh zohbachenyah!*	see you later!
dobrze	*dobzheh*	good/well
dokładnie	*dohkwadnyeh*	exactly
dostępny/a/e	*dostempni/ah/eh*	available
dosyć	*dohsich*	enough
dowód tożsamości	*dohvood tozhsahmoshchee*	identity card
droga	*drohgah*	road/route
duży/a/e	*doozhi/ah/eh*	big
dzieciak	*jehchak*	kid

dziecko	*jetskoh*	child

There's plenty of child-oriented sightseeing in Poland, and children pay half-price in most museums, galleries and other attractions.

dzień	*jen*	day
dzień tygodnia	*jen tigodnyah*	weekday
dzień wolny	*jen volni*	holiday (work-free day)
dziewczyna	*jefchinah*	girl
dziś	*jeesh*	today
dziś wieczorem/ w nocy	*jeesh wyehchorehm/ v notsi*	tonight
dzwonić/wołać	*dzvohneech/vowach*	to call

E

e-mail	*eemeyl*	e-mail
ekspres	*expres*	express (train)
etykieta	*ehtikyehtah*	label

F

festiwale	*festee<u>vah</u>leh*	festivals
film	*film*	film (cinema)
film do aparatu	*feelm doh apa<u>rah</u>too*	film (camera)
formularz	*for<u>moo</u>lazh*	form (document)

> **fotografia**   *foto<u>gra</u>fyah*   **photo**
> With its natural contrasts and contradictions, Poland is a great place for photographers.

fryzjer	*<u>fri</u>zyehr*	hairdresser's
funt szterling	*foont <u>shter</u>ling*	sterling pound

G

galeria	*gah<u>leh</u>riah*	gallery
garaż	*<u>ga</u>razh*	garage
gaz	*gas*	gas
gazeta	*gah<u>zeh</u>tah*	newspaper
gdzie?	*gjeh?*	where?
główny/a/e	*<u>gwoov</u>ni/ah/eh*	main
godzina	*go<u>jee</u>nah*	time (clock)
golf	*golf*	golf
gorąco	*go<u>ron</u>tsoh*	heat
gorący/a/e	*go<u>ron</u>tsi/ah/eh*	hot
gotówka	*go<u>toof</u>kah*	cash
gotowy/a/e	*goh<u>toh</u>hvi/ah/eh*	ready
grafik	*<u>gra</u>feek*	timetable
grudzień	*<u>groo</u>jen*	December
grupa	*<u>groo</u>pah*	group
grypa	*<u>gri</u>pah*	flu
gwałt	*gvawt*	rape
gwarancja	*gva<u>ran</u>tsyah*	guarantee

H

harmonogram	*harmo<u>no</u>gram*	itinerary
homoseksualista	*homosexooa<u>lees</u>tah*	homosexual

I

i	*ee*	and
ile?	*<u>ee</u>leh?*	how much?
ilość	*<u>ee</u>loshch*	number (of items)/ quantity
imię	*<u>ee</u>myeh*	name
impreza	*eem<u>preh</u>zah*	party
informacja	*infor<u>mat</u>syah*	information
inny	*<u>een</u>-ni*	another
inny/a/e	*<u>een</u>-ni/ah/e*	other
interes	*een<u>teh</u>res*	business

interesujący/a/e	*interehsoo<u>yon</u>tsi/ah/eh*	interesting
Irlandczyk/Irlandka	*eer<u>lant</u>chyk/eer<u>lant</u>kah*	Irish
Irlandia	*eer<u>lan</u>dyah*	Ireland

J

jacht	*yah-ht*	yacht
jak daleko?	*yak dah<u>leh</u>koh?*	how far?
jak długo?	*yak <u>dwoo</u>goh?*	how long?
jak duży/a/e?	*yak <u>doo</u>zhi/ah/eh?*	how big?
jak?	*yak?*	how?
jakiś/któryś/każdy	*yakeesh/ktoorish/<u>kazh</u>di*	any
jakość	*ya<u>koshch</u>*	quality
jechać/prowadzić	*yehach/pro<u>va</u>jeech*	to drive
jeszcze/jednak	*<u>yesh</u>cheh/<u>yehd</u>nak*	yet
jezioro	*yeh<u>zho</u>roh*	lake
język	*<u>yen</u>zik*	language
jutro	*<u>yoo</u>troh*	tomorrow

K

kamizelka ratunkowa	*kamee<u>zehl</u>kah ratoon<u>koh</u>vah*	life jacket
kantor wymiany	*<u>kan</u>tor vim<u>ya</u>ni*	bureau de change
kąpiel	*<u>kom</u>pyehl*	bath
karetka pogotowia	*kah<u>reht</u>kah pogo<u>to</u>vyah*	ambulance
karnawał	*kar<u>nah</u>vaw*	carnival
karta kredytowa	*<u>kar</u>tah kredi<u>toh</u>vah*	credit card
karta pokładowa	*<u>kar</u>tah pokwa<u>doh</u>vah*	boarding card
kasa	*<u>ka</u>sah*	ticket office
kasa biletowa	*<u>ka</u>sah beele<u>to</u>vah*	box office
kasyno	*ka<u>si</u>no*	casino
katedra	*ka<u>teh</u>drah*	cathedral
kawa	*<u>ka</u>vah*	café
kawiarnia	*kav<u>yar</u>nyah*	coffee house
kelner/kelnerka	*<u>kel</u>ner/kah*	waiter/waitress
kiedy?	*<u>kyeh</u>di?*	when?
kierowca	*kye<u>rof</u>tsa*	driver
kierownik	*kye<u>rov</u>nik*	manager
kino	*<u>kee</u>noh*	cinema
kiosk	*kyosk*	kiosk
klawiatura	*klavia<u>too</u>rah*	keyboard
klient	*<u>klee</u>-ent*	customer
klub	*kloob*	club
klub nocny	*kloob <u>nots</u>ni*	nightclub
klucz	*klooch*	key
kobieta	*koh<u>byeh</u>tah*	lady/woman
kod pocztowy	*kod poch<u>to</u>vi*	area code

Dictionary K-L

Polish-English

kolarstwo	*koh<u>lar</u>stfo*	**cycling**

While not perhaps quite as famous as its French cousin, the Tour de Pologne is an annual event which has been taking place since 1928.

kolej	*<u>koh</u>lehy*	railway
kolejka	*koh<u>ley</u>kah*	queue
kolor	*<u>koh</u>lor*	colour

komar	*<u>koh</u>mahr*	**mosquito**

The common Polish **komar** can be a pesky foe. A whiff of insect repellent will sort them out.

komunikacja miejska	*komoonee<u>kat</u>syah <u>myey</u>skah*	public transport
kończyć	*<u>kon</u>chich*	quite
konieczny/a/e	*kon<u>yech</u>ni/ah/eh*	necessary
konkurs	*<u>kon</u>koors*	quiz
konsulat	*kon<u>soo</u>laht*	consulate
kontaktować się	*kontak<u>toh</u>vach sheh*	to contact
korty tenisowe	*<u>kor</u>ti tehnee<u>soh</u>veh*	tennis court
koszt	*kosht*	cost
kosztować	*kosh<u>toh</u>wach*	to cost
kradzież	*<u>kra</u>jezh*	theft
kraj	*krahy*	country
krótki/a/ie	*<u>kroot</u>kee/ah/yeh*	short
książka	*<u>kshonsh</u>kah*	book
książka telefoniczna	*<u>kshonsh</u>kah telefo<u>neech</u>nah*	yellow pages
kto?	*ktoh?*	who?
który?	*k<u>too</u>ri?*	which?
kupować	*koo<u>po</u>vach*	to buy
kurs wymiany walut	*koors vi<u>my</u>ani <u>va</u>loot*	exchange rate
kwiecień	*<u>kfyeh</u>chen*	April

L

lekarz	*<u>leh</u>kazh*	doctor
lepiej	*<u>leh</u>pyehy*	better
liczba	*<u>leech</u>bah*	number (figure)
lipiec	*<u>leep</u>yets*	July
list	*leest*	mail
listopad	*lees<u>toh</u>pad*	November
lokalny/a/e	*lo<u>kal</u>ni/ah/eh*	local
lot	*lot*	flight
lotnisko	*lot<u>nees</u>koh*	airport
łóżeczko dziecięce	*wooz<u>hech</u>koh jeh<u>chen</u>tseh*	cot

lubić	*loobeech*	like
ludzie	*loojeh*	people
luty	*looti*	February

M

maj	*mahy*	May
mało	*mawoh*	little
mały/a/e	*mawi/ah/eh*	small
mapa	*mahpah*	map (road)
marzec	*mahzhehts*	March
matka	*matkah*	mother
mąż	*monsh*	husband
mechanik	*meh<u>a</u>neek*	mechanic
męska toaleta	*menskah tohah<u>leh</u>tah*	gents
metro	*meh<u>t</u>roh*	underground (tube)
mężczyzna	*menshch<u>iz</u>nah*	man

miasto   *<u>myah</u>stoh*   **city/town**
There are around 40 cities in Poland with a population exceeding 100,000.

między	*myeh<u>n</u>dzi*	between
międzynarodowy/a/e	*myendzinaro<u>doh</u>vi/ah/eh*	international
miejsce	*myeystseh*	place
miękki/a/e	*myen<u>kee</u>/ah/yeh*	soft
mieszkanie	*myesh<u>ka</u>nyeh*	apartment
mili	*mee<u>lee</u>*	nice (people)
miło	*meewoh*	nice
miły/a/e	*meewi/ah/eh*	kind (person)
minimum	*mee<u>nee</u>moom*	minimum
minuta	*mee<u>noo</u>tah*	minute
młody/a/e	*mwodi/ah/eh*	young
mniej	*mnyehy*	less
móc	*moots*	can (to be able)
mój/moja/moje	*mooy/<u>moya</u>/<u>moyeh</u>*	my
moment	*<u>mo</u>ment*	moment
morze	*<u>mo</u>zheh*	sea
może	*<u>mo</u>zheh*	perhaps/maybe
możliwie	*mozh<u>lee</u>veh*	possible
musieć	*<u>moo</u>shehch*	must
muzeum	*moo<u>zeh</u>oom*	museum
muzyczny	*moo<u>zich</u>ni*	musical
myśleć	*<u>mish</u>lehch*	to think

N

na (lewo/prawo)	*nah (<u>leh</u>voh/<u>prah</u>voh)*	to (the left/right)
na dół	*nah doow*	down

na emeryturze	*nah emehritoozheh*	retired
na górze	*nah goozheh*	upstairs
na or włączony/a/e	*nah or vwonchoni/ah/eh*	on
na przeciwko	*nah pshecheefkoh*	opposite (place)
na zewnątrz	*nah zevnonch*	outside
na/dla	*nah/dlah*	for
najlepsze	*nahylepsheh*	best
najwięcej	*nahyvientsey*	most
napis	*napees*	sign
napiwek	*nahpeevek*	tip (money)
narkotyk	*narkohtik*	drug
narodowość	*narodohvoshch*	nationality

> **narty** — *nahrti* — **ski**
> Poles are avid skiers and Zakopane or Szczyrk are great bases for a few days of fun and sport.

narzekać	*nazhehkach*	to complain
następny/a/e	*nastempni/ah/eh*	next
natychmiast	*natihmyast*	immediately

> **nazwisko** — *nazveeskoh* — **surname**
> The classic Polish surname ends in **ski** or **ska**. The first is masculine, the second feminine.

nic	*neets*	nothing
niebezpieczeństwo	*nyehbespyechenstfoh*	danger
niedługo	*nyehdwoogoh*	soon
niegrzeczny/a/e	*nyehgzhechni/ah/eh*	rude
niemowle	*nyehmovleh*	baby
niepełnosprawny	*nyehpewnohspravni*	disabled
nieprzyjemny/a/e	*nyehpshiyemni/ah/eh*	unpleasant
nieprzytomny/a/e	*nyehpshitomni*	unconscious
niewygodny/a/e	*nyehvigodni/ah/eh*	uncomfortable
nigdy	*neegdi*	never
nigdzie	*neegjeh*	nowhere
noc	*nots*	night
nocny/a/e	*notsni/ah/eh*	overnight
nowy/a/e	*novi/ah/eh*	new

O

o	*oh*	about (concerning)
o	*oh*	at (time)
objaw	*obyahv*	symptom
obniżka cen	*obneezhkah tsen*	reduction
obok	*obok*	next to

od	*od*	since
odpoczywać	*odpoh<u>chi</u>vach*	to relax
odpowiadać	*odpoh<u>vya</u>dach*	to answer
odprawa celna	*od<u>prah</u>vah <u>tseh</u>lnah*	customs
odwiedzić	*od<u>vyeh</u>jeech*	to visit
odwodnić się	*od<u>voh</u>dnich sheh*	to dehydrate
odwołać	*od<u>vo</u>wach*	to cancel
ogień	*<u>o</u>gyen*	fire
oglądać	*o<u>glon</u>dach*	watch
ojciec	*<u>oy</u>chets*	father
ok/dobrze	*o<u>kej</u>/<u>dob</u>zheh*	ok
okręg	*<u>o</u>kreng*	district
okulary	*okoo<u>la</u>ri*	glasses
okulary słoneczne	*okoo<u>lah</u>ri swo<u>nech</u>neh*	sunglasses
operator	*opeh<u>rah</u>tor*	operator
operować	*opeh<u>roh</u>vach*	to work (machine)
opłata	*o<u>pwah</u>tah*	charge
opłata parkingowa	*o<u>pwa</u>tah parkin<u>goh</u>vah*	ticket (parking)
opłata za przejazd	*o<u>pwa</u>tah zah <u>pshe</u>yazd*	toll
opóźnienie	*opoozh<u>nyeh</u>nyeh*	delay
opóźniony/a/e	*opoozh<u>nyoh</u>ni/ah/eh*	late (delayed)
optyk	*<u>op</u>tic*	optician's
osoba	*o<u>soh</u>bah*	person
ostatni/ia/ie	*o<u>stat</u>nee/yah/yeh*	last
otwarty/a/e	*ot<u>far</u>ti/ah/eh*	open
otwierać	*ot<u>fyeh</u>rach*	to open

P

palić	*<u>pah</u>leech*	to burn
pan	*pan*	sir
Pan/Pani/Państwo (male/female/plural)	*pan/<u>pa</u>nee/<u>pa</u>hystfo*	you (formal)
Pana/Pani/Państwa	*pana/<u>pa</u>nee/<u>pa</u>hystfah*	your (formal)
pani	*<u>pa</u>nee*	madam
papieros	*pap<u>yeh</u>ros*	cigarette
para	*<u>pah</u>rah*	pair
parasol	*pa<u>rah</u>sohl*	umbrella
park	*park*	park
parking	*<u>par</u>king*	parking
pasy bezpieczeństwa	*<u>pa</u>si bespye<u>chen</u>stfa*	seat belt
paszport	*<u>pash</u>port*	passport
październik	*pahzh<u>jeh</u>rnik*	October
peron	*<u>peh</u>rohn*	platform
personel	*pehr<u>soh</u>nel*	staff
pieniądze	*pyeh<u>nyon</u>dzeh*	money

| pierwsza pomoc | _pyerf_shah _poh_mohts | first aid |

piłka nożna _peewkah nozhnah_ football
As in the UK, football is rather more than a popular spectator sport: it's the unofficial national religion.

pilny/a/e	_peel_ni/ah/eh	urgent
pisać	_pee_sach	to write
pisać sms	_pee_sach esemes	to text
plan miasta	plan _myas_tah	map (city)

plaża _plahzhah_ beach
Poland has stretches of beautiful Baltic beaches that are well worth investigating both in season and on a winter's day.

plaża nudystów	_pla_zhah noo_dis_toof	nudist beach
plecy	_pleh_tsi	back (body)
płyta CD	_pwi_tah see_dee_	CD
pobierać opłatę	po_bye_rach o_pwah_teh	to charge

pocałunek _potsawoonek_ kiss
Pocałunek is a more sensual kiss than **buzi**, which is a friendly smooch. Use the former with discretion!

pociąg	_po_chong	train
poczekalnia	poche_kal_nyah	waiting room
poczta	_poch_tah	post office
poczta lotnicza	_poch_tah lot_nee_chah	airmail
pod	pod	under
podatek	po_dah_tek	tax
podczas	_pod_chas	during
podpis	_pod_pees	signature
podróż	_poh_droozh	journey
podróżować	podroo_zhoh_wach	to travel
podwójny/a/e	pod_vooy_ni/ah/eh	double
pogoda	poh_goh_dah	weather
pogotowie	pogo_toh_vieh	emergency
pojazd	_poh_yazd	vehicle
pokazywać	poka_zi_vach	to show
pokój	po_kooy_	room
pole golfowe	_poh_leh gol_foh_veh	golf course
policja	poh_leet_syah	police
północ	_poow_nots	midnight
północ	_poow_nots	north

| połowa | *pohwohvah* | half |

If you hear someone say **poproszę połówkę**, they're asking for half a litre of vodka. Alcohol abuse is still an issue.

południe	*powoodnyeh*	midday
południe	*powoodnyeh*	south
południowo-afrykański	*powoodnyovoh-afrikanskee*	South African
pomocy!	*pomotsi!*	help!
port	*port*	port (sea)
portfel	*portfel*	wallet
potwierdzenie	*potfyehrdzehnyeh*	confirmation
potwierdzenie odbioru	*potfyerdzehnyeh odbyohroo*	receipt
potwierdzić	*potfyehrjeech*	to confirm
powitanie	*poveetanyeh*	welcome
późno	*poozhnoh*	late (time)
prać/myć	*prach/mich*	to wash
praca	*pratsah*	work
pracować	*pratsohvach*	to work (person)
pralnia chemiczna	*pralnyah hemeechnah*	dry-cleaner's
pralnia samoobsługowa	*pralnyah samoh-obswoogohvah*	launderette
prawda	*pravdah*	true (right)
prawdopodobnie	*pravdohpodobnyeh*	probably
prawdziwy/a/e	*pravjeevi/ah/eh*	real
prawnik	*prahvneek*	lawyer
prawo jazdy	*pravoh yazdi*	driving licence
prędkość	*prentkoshch*	speed
problem	*problem*	problem
promienie rentgenowskie	*promyehnyeh rentgenofskyeh*	x-rays
prosto	*prostoh*	straight
prywatny/a/e	*privahtni/ah/eh*	private
przedmiot	*pshedmyot*	object
przejście dla pieszych	*psheyshcheh dlah pyehshih*	zebra crossing
przestępstwo	*pshestempstfoh*	crime
prześwietlać	*pshehshfyehtlach*	to x-ray
przesyłka ekspresowa	*pshehsiwkah expresohvah*	express (delivery)
przeszkadzać	*psheshkadzach*	to disturb
przetłumaczyć	*pshetwoomahchich*	to translate
przewodnik	*pshehvohdnik*	guide
przez	*pshehz*	by (via)
przez	*pshehz*	through
przy/obok	*pshi/obok*	by (beside)

Dictionary P-S

Polish-English

przyjaciel/ przyjaciółka	pshi_yah_chel/ pshiya_choow_ka	friend
przyjazd	pshi_yazd	arrival
przymierzalnia	pshimye_zhahl_nyah	fitting room
pub	pab	bar (pub)
pytać	pi_tach	to ask
pytanie	pi_tah_nyeh	question

R
rachunek	ra_hoo_nek	bill/receipt
radio	rah_dioh	radio
ratownik	rah_toh_vnik	lifeguard
ratusz	ra_toosh	town hall
raz	ras	once
recepcja	reht_sep_tsyah	reception
recepcjonista/ka	rehtseptsyo_nee_stah/kah	receptionist
recepta	retseh_ptah	prescription
rezerwacja	rehzehr_vah_tsyah	booking
rezerwacja	rezehr_vah_tsyah	reservation
rezerwować	rehzehr_voh_vach	to book
rocznica	roch_nee_tsah	anniversary
roczny	roch_ni	yearly
rodzaj	roh_dzahy	kind (sort)
rodzice	ro_jeet_seh	parents
rok	rok	year
rower	ro_ver	bicycle
rozumieć	ro_zoo_myech	to understand
ruiny	roo_ee_ni	ruins
rynek	ri_nek	market
rzecz	zhech	thing
rzeczy wartościowe	zheh_chi vartosh_choveh	valuables

S
samochód	sa_mo_hoot	car
samolot	sa_mo_hlot	aeroplane
case ending: samolotem, samochodem, etc	samo_lo_tehm, samo_ho_dehm	by (air, car, etc)
samoobsługa	samo-op_swoo_gah	self-service
sauna	saw_nah	sauna
schronisko młodzieżowe	s-hro_nee_sko mwoje_zhoh_veh	youth hostel
siedzenie	shed_zeh_nyeh	seat
sierpień	sher_pyen	August
siostra	sho_strah	sister
skaleczenie	skaleh_cheh_nyeh	cut
skarga/zażalenie	skar_gah/zazha_leh_nyeh	complaint
sklep	sklep	shop

skrzyżowanie	skshyzhoh*vanyeh*	junction
skuter wodny	*skoo*ter *vod*ni	jet ski
słońce	*swont*seh	sun
słownik frazeologiczny	*swov*nik frazeholo*geech*ni	phrase book
słowo	*swo*vo	word
śmietana/krem	shmye*tah*nah/krehm	cream
spacerować	spatseh*roh*vach	to walk
sport	sport	sport
sporty wodne	*spor*ti *vod*neh	water sports
sposób	*spoh*soop	way (manner)
spotkanie	spot*kah*nyeh	appointment
spotkanie	spot*kah*nyeh	meeting
spragniony/a/e	sprag*nyo*ni/ah/eh	thirsty
środek uspokajający	*shro*dek oospokahyah*yont*si	sedative
środki higieny osobistej	*shrot*kee hee*gyeh*ni oso*bees*tey	toiletries
stacja	*stat*syah	station
stacja benzynowa	*stat*syah benzi*noh*vah	filling (station)
stadion	*stad*yon	stadium
stół	stoow	table
strefa	*streh*fah	zone
stres	stres	stress
strona	*stroh*na	web
strona internetowa	*stroh*na eenternet*oh*va	website
styczeń	*sti*chen	January
świat	shfyat	world
święta	*shfyen*tah	holidays
syn	sin	son
szczepienie	shchehp*yeh*nyeh	vaccination
Szkocja	*shkot*syah	Scotland
Szkot/Szkotka	shkot/*shkot*kah	Scottish
szpital	*shpee*tahl	hospital
sztuka	*shtoo*kah	art
szybciej!	*ship*chey!	hurry up!
szybki/a/ie	*ship*kee/ah/yeh	quick
szybko	*ship*koh	quickly

T

tabletka nasenna	tab*leht*kah na*sen*-nah	sleeping pill
tabletka przeciwbólowa	tab*let*kah psheceef-boo*loh*wah	painkiller
tak	tahk	yes
tam	tam	there
tampony	*tam*pon	tampons
tani/a/e	*ta*nee/yah/yeh	cheap
taxi/taksówka	*ta*xi/tak*soof*kah	taxi
telefon	te*le*fon	telephone

| **telefon komórkowy** | *telefon komoorkohvi* | mobile telephone |

Almost every Pole has a mobile phone. **Komórka** is the abbreviated term you should use.

telewizja	*televeezyah*	television
temu	*tehmoo*	ago
ten/to	*tehn/toh*	that
tenis	*tehnees*	tennis
teraz	*tehrahz*	now
teren	*tehren*	area
też	*tesh*	too
tlen	*tlehn*	oxygen
to	*toh*	this

| **toaleta** | *tohahlehtah* | toilet |

Many Polish public toilets are still guarded by a **babcia klozetowa**, a sort of female Cerberus.

torba	*torbah*	suitcase
tramwaj	*tramvahy*	tram
trochę	*troheh*	bit (a)/some
trudne	*troodneh*	difficult
tu	*too*	here
twoje/wasze	*tfoyeh/vasheh*	your (informal)
ty/wy	*ti/vi*	you (informal)
tydzień	*tijen*	week
tył	*tiw*	back (place)
tylko	*tilkoh*	just (only)
tylko	*tilkoh*	only
typowy	*tipovi*	typical

U

ubezpieczenie	*oobespyehchehnyeh*	insurance
ubrania	*oobrahnyah*	clothes
ulica	*oolitsah*	street
ulubiony/a/e	*ooloobyohni/ah/eh*	favourite
usługa	*ooswoogah*	service
ustalać	*oostahlach*	to arrange
uszkodzenie	*ooshkodzehnyeh*	damage
użyteczny/a/e	*oozhitechni/ah/eh*	useful
używać	*oozhivach*	to use

V

| VAT | *vat* | VAT |

W

| w | *v* | in |
| w górę | *v gooreh* | up |

wakacje	va<u>kat</u>syeh	vacation
Walia	<u>val</u>yah	Wales
Walijczyk/Walijka	va<u>liy</u>chik/va<u>liy</u>kah	Welsh
waluta	va<u>loo</u>tah	currency
wartość	<u>var</u>toshch	value
ważny/a/e	<u>vazh</u>ni/ah/eh	important
ważny/a/e	<u>vazh</u>ni/ah/eh	valid
wcześnie	<u>wchesh</u>nyeh	early
wczoraj	<u>wchoh</u>rahy	yesterday
weekend	<u>week</u>end	weekend
wegetarianin	vegetah<u>rya</u>neen	vegetarian
wejście	<u>veysh</u>cheh	entrance
wewnątrz	<u>vev</u>nontsh	inside
wiadomość	vya<u>doh</u>moshch	message
wiadomości	viado<u>mosh</u>chi	news
więcej	<u>vyen</u>tsehy	more
wiele	<u>vyeh</u>leh	many
wieś	vyehsh	countryside
winda	<u>veen</u>dah	lift

wino   <u>vee</u>noh   **wine**
The quality of the wines produced in Poland's vineyards has recently improved at warp-speed.

witamina	vita<u>mee</u>nah	vitamin
wiza	<u>vee</u>zah	visa
wizyta	vee<u>zi</u>tah	visit
włączony/a/e	vwon<u>cho</u>ni/ah/eh	switched on
właściciel	vwash<u>chee</u>chehl	owner
włosy	<u>vwo</u>si	hair
woda	<u>vo</u>dah	water
wokół/koło	<u>vo</u>koow/o<u>ko</u>wo	around
wolne od podatku	<u>vol</u>neh od po<u>daht</u>koo	tax free
wolno	<u>vol</u>noh	slow
wolny/a/e	<u>vol</u>ni/ah/eh	free/vacant
wózek inwalidzki	<u>voo</u>zek eenva<u>leet</u>skee	wheelchair
wrzesień	<u>vzheh</u>shen	September
wrzód	vzhood	ulcer
wskazówki	fska<u>zoof</u>kee	directions
wszystko dobrze	<u>fshist</u>koh <u>dob</u>zheh	all right
wszystko/wszyscy (things/people)	<u>fshist</u>koh/<u>fshist</u>si	all
wtedy	<u>fteh</u>di	then
wybierać	vi<u>bye</u>rach	to choose
wybierać numer	vi<u>bye</u>rach <u>noo</u>mer	to dial
wybrzeże	vi<u>bzheh</u>zheh	coast
wyjście	<u>viysh</u>cheh	exit
wyjście ewakuacyjne	<u>viysh</u>cheh ehvakooah<u>tsiy</u>neh	fire exit

Dictionary W

Polish-English

93

Dictionary W-Z

Polish-English

wyłączony/a/e	viwon*choni*/ah/eh	off (switched)
wymiotować	vimyo*toh*vach	to vomit
wynająć	vinah*yonch*	to rent
wypadek	vi*pah*dek	accident
wysłać	*vis*wach	post
wysoki/a/ie	vi*sohkee*/ah/yeh	high
wyspa	*vis*pah	island
wystawa	vi*stah*avah	exhibition

Z

z	z	with
z dala	z *dah*lah	away
z/od	z/od	from
zachód	*za*hood	west
zaginiony/a/e	zagee*nyoni*/ah/eh	missing
zakupy	zah*koo*pi	shopping
zakwaterowanie	zakfateh*ro*vanyeh	accommodation
zamek	*za*mehk	castle
zameldować się	zamel*do*vach sheh	to check in (hotel, airport)
zamknięty/a/e	zam*knyen*ti/ah/eh	closed
zamknięty/a/e	zam*knyen*ti/ah/eh	shut
zamykać	za*mi*kach	to close
zapytanie	zahpi*tah*nyeh	query
zaraźliwy	zarazh*lee*vi	contagious
zatrucie pokarmowe	za*troo*cheh pokar*moh*veh	food poisoning
zazwyczaj	zaz*vi*chahy	usually
zdjęcie rentgenowskie	*zdyen*cheh rentge*nofs*kyeh	x-ray
ze względu na	zeh *vzglen*doo nah	because of
zepsuty/a/e	zehp*soo*ti/ah/eh	out of order
zero	*zeh*roh	zero
zewnętrzny	zev*nent*shni	outdoor
zgubić	*zgoo*beech	to lose
zgubiona własność	zgoo*byo*nah vwas*nosh*ch	lost property
zimno	*zheem*noh	cold
źle	zhleh	bad/wrong (mistaken)
zmartwiony/a/e	zmart*fyoh*ni/ah/eh	worried
zmęczony/a/e	zmen*choni*/ah/eh	tired
zmienić/wymienić	zm*yen*ich/vim*yen*ich	to change
znaczek	*zna*chehk	stamp
zniżka	*zneezh*kah	discount
znowu	*znoh*voo	again
żona	*zhoh*nah	wife
żonaty/mężatka	zho*nah*ti/men*zhat*kah	married
zoo	zoh	zoo
zwrot kosztów	zvrot *kosh*toof	refund

Quick Reference

Numbers

0	**zero**	_zeh_ro
1	**jeden**	_yeh_den
2	**dwa**	dvah
3	**trzy**	tshi
4	**cztery**	_chteh_ri
5	**pięć**	pyench
6	**sześć**	sheshch
7	**siedem**	_sheh_dehm
8	**osiem**	_o_shehm
9	**dziewięć**	_jeh_viench
10	**dziesięć**	_jeh_shench
11	**jedenaście**	yehde_nash_cheh
12	**dwanaście**	dva_nash_cheh
13	**trzynaście**	tshi_nash_cheh
14	**czternaście**	chtehr_nash_cheh
15	**piętnaście**	pyet_nash_cheh
16	**szesnaście**	shes_nash_cheh
17	**siedemnaście**	shehdehm_nash_che
18	**osiemnaście**	oshem_nash_che
19	**dziewiętnaście**	jeviet_nash_che
20	**dwadzieścia**	dva_jeh_shcha
21	**dwadzieścia jeden**	dvajehshcha_yeh_den
30	**trzydzieści**	tshi_jesh_chee
40	**czterdzieści**	chtehr_jesh_chee
50	**pięćdziesiąt**	pyen_jesh_ont
60	**sześćdziesiąt**	shezh_jesh_ont
70	**siedemdziesiąt**	shehdehm_jesh_ont
80	**osiemdziesiąt**	oshem_jesh_ont
90	**dziewięćdziesiąt**	jevien_jes_iont
100	**sto**	stoh
1000	**tysiąc**	_ti_shonc
1st	**pierwszy/a/e**	_pyehrf_shi/ah/eh
2nd	**drugi/a/ie**	_droo_gee/ah/yeh
3rd	**trzeci/a/e**	_tsheh_chee/ah/eh
4th	**czwarty/a/e**	_chfar_ti/ah/eh
5th	**piąty/a/e**	_pyon_ti/ah/eh

Weights & measures

gram (=0.03oz)	**gram**	*gram*
kilogram (=2.2lb)	**kilogram**	*kee_loh_gram*
pound (=0.45kg)	**funt**	*foont*
centimetre (=0.4in)	**centymetr**	*tsen_ti_mehtr*
metre (=1.1yd)	**metr**	*mehtr*
kilometre (=0.6m)	**kilometr**	*kee_loh_mehtr*
litre (=2.1pt)	**litr**	*leetr*

Days & time

Monday	**poniedziałek**	*ponyeh_jah_wek*
Tuesday	**wtorek**	*_ftoh_rek*
Wednesday	**środa**	*_shroh_dah*
Thursday	**czwartek**	*_chfar_tek*
Friday	**piątek**	*_pyon_tek*
Saturday	**sobota**	*so_boh_tah*
Sunday	**niedziela**	*nye_jeh_lah*

What time is it?	**Która godzina?**	*_ktoo_rah go_jee_nah?*
(Four) o'clock	**(czwarta)**	*_chfar_tah*
Quarter past (six)	**kwadrans po (szóstej)**	*_kfah_drans poh _shoos_tey*
Half past (eight)	**w pół do (dziewiątej)**	*v poow doh je_vyon_tey*
Quarter to (ten)	**za kwadrans (dziesiąta)**	*za _kfah_drans je_shon_ta*
morning	**rano**	*_ra_noh*
afternoon	**popołudnie**	*popo_wood_nyeh*
evening	**wieczór**	*_wyeh_choor*
night	**noc**	*nots*

Clothes size conversions

Women's clothes	34	36	38	40	42	44	46	50
equiv. UK size	6	8	10	12	14	16	18	20

Men's jackets	44	46	48	50	52	54	56	58
equiv. UK size	34	36	38	40	42	44	46	48

Men's shirts	36	37	38	39	40	41	42	43
equiv. UK size	14	14.5	15	15.5	16	16.5	17	17.5

Shoes	36.5	37.5	39	40	41.5	42.5	44	45
equiv. UK size	4	5	6	7	8	9	10	11